이준학 시집

역逆 행行

이준학 시집
역행(逆行)

인쇄 | 2013년 11월 8일
발행 | 2013년 11월 13일

저자 | 이준학
발행인 | 지병문
발행처 | 전남대학교출판부

등록 | 1981. 5. 21. 제53호
주소 | 500-757 광주광역시 북구 용봉로 77
전화 | (062) 530-0571～2, **마케팅부** 530-0573
팩스 | (062) 530-0579
홈페이지 | http://www.cnup.co.kr

값 10,000원

ISBN 978-89-6849-061-3 (03810)

이 준학 시집

역逆 행行

전남대학교출판부

어느 새 칠순의 나이가 되어, 쓸쓸한 날 친구하려고, 지난 일기장 펼치듯 시집을 낸다.

시를 쓸 때만은 소나기 지나간 뒤의 잔디밭처럼 항상 마음이 평안하였고 모든 것을 포용할 수 있었으며 누구하고나 악수를 나눌 수 있었다.

나는 나의 시에 대하여 아무 욕심이 없다. 어느 순간에는 뜻 밖에 밀려오는 슬픔을 밀어내기 위하여 시를 썼고, 어느 순간에는 너무 아름다운 자연 앞에 저절로 입이 열려 노래를 불렀고, 어느 때는 잊어버리면 안 될 것 같은 각성의 순간들이 소중해서 수첩에 담았을 뿐이다. 그리고 마음 속에서 갑자기 사랑이 솟구칠 때 ……

고독했지만 영원한 자유인이었던 독일의 시인 휠덜린은, '시작(詩作)은 모든 일 가운데 가장 죄 없는 작업'이라고 말했는데, 어쩌면 내 생에서 가장 티 없는 느낌의 순간들이 여기 모여 있을 것이다. 수줍게 그러나 정다운 손짓을 하며 …… .

시집 【역행(逆行)】

1. 그리운 것들

2. 다시 돌아올 수 없는

3. 간이역

차 례

4. 눈 내린 아침 숲가에 서서

1.
그리운 것들

역행(逆行)

가끔은
시골 버스를 타는 것도 좋다.

두메산골에도
어찌어찌
돌아 오르는 길이 있다는 것을 알기 위해서도
완행의 어느 구석 마지막 자리에
몸을 맡기는 것도 좋다.

우리는 항상
가장 높이 나는 새를 몰래 부르며
만발한 꽃에만
사랑을 바치기로 하였다.

우리는 항상
가득 찬 그릇만을 간구하여
더 값진 것을 위하여
그릇을 비워두지 아니하였다.

가끔은 꿈도
잠을 재우는 것이 좋다.

바다가 텅 빈 해안을 향하여
서늘한 한숨을 내쉴 때 쯤
말없이 숲은
찬란한 옷을 벗는다.

가지들이 측은해서가 아니다.

고향

십 년의 세월엔
너무 그리워 못 갔고

이십 년의 세월엔
사느라
막걸리 잔에 휘휘 저어
마셔 버렸고

삼십 년의 세월엔
길을 잃어서
헤매느라 못 갔다.

길

갈 곳도 없는데
뺑 뺑 뚫려
나를
슬프게 하는 것

세월

사십 년의 세월
무자비한 불도저가 밀어버린 시간

올망졸망 붙어있던
옷가게, 찐빵집, 철물점, 만화방
작은 가게들

몸 붙일 곳 없던
내 청춘이
잠시 쉬어가던
대폿집

시끌벅적한 장날
괜히 신나 뛰어 다니던
아이들이 놀던 공터

이제는
꿈에서 조차
머물 곳 없이
다 사라지고

이십사 시간 환한
FAMILY MART가
긴 긴 시간을
메우고 있다.

정신

잘 보이지도 않는
색깔을 하고

쓰러질까 겁이 나는
연약한 녀석이

굳이 굳이
내 곁에 다가온다.

팔이 있는지
다리가 있는지
분명치 않은 녀석이

온갖 몸짓을 하며
거기 서 있다.

갓 껍질을 벗긴
파 모양으로.

누구냐니까
내 정신 이란다.

깜짝 놀라
어깨동무를 한다.

벌써
예순이다.

참새

초추(初秋)

자꾸 좁아져 가는

내 마루에

참새가 펄떡펄떡

날아와 앉는다

깜짝 놀란다

천사가 벌써 나를

그녀들의 나라로

데리러 왔나?

귀향

모든 것은 항상
제 자리에 있고

홀로
긴 꿈을 꾼 것을
깨닫는

아름다운
순간

달

먼 길 가던 달이
우리 아파트 앞 동의
지붕에 걸터앉아
궁금한 얼굴로
동네 안방들을
들여다보고 있다.

그리움 (1)

비는 오지 않을 때
가장 시원하게 쏟아진다.

받을 수 없는 편지는
얼마나 반가운가.

이룰 수 없는 혁명은
그 격렬한 완성으로 인하여
가장 아름답다.

그리움 (2)

고백하지 못했을 때
사랑은 가장 순결하고

영원히 살 수 없으므로
이승은 매일
사무치는 그리움이다.

진실

우리는
첫 눈에 반하는 행운을
갖지 못한다.

처음 만난 날을 찾아
열심히 궁리하지만
우리는 마침내
피식
웃고 만다.

우주 저 편에서
아무도 모르는 시간에
그림자로 걸어 나와
저녁
해와 달로 만난 것으로
우리는 약속한다.

우리의 팔뚝은 강하지만
강도처럼 비 오는 날
가릴 수 있는 건
자기 이마 뿐

젖은 눈섶을 깜박이며 미안한 듯
'자기 돈 없어?'

우리는 동물로서만
'당신'에게 기쁨을 줄 수 있다.
동물임이 부끄러워
사람의 가면을 쓸 때
'당신'의 희열은 끝나고
우리는 돌아선다.

결단

당신과의 만남으로
모든 것이 족하다

다른 곳은
보지 않겠다

여기 까지도
너무 힘이 들었다

약속은 항상
너무 많았고

철새가 떠날 때까지
아버지는 오지 않았다

이 둥지에 넘치는
햇빛만으로

내 곡식은
익을 것이다.

첫 눈

눈이 온다
첫 눈이 온다
그립다
옛날이 온다

소식도 없이
기척도 없이

멀리
칙칙 폭폭
기차 떠나는 소리 들리고

답장 없는
쓰고 또 쓰던 편지

어린 날
내 청춘이 추운 듯
호 호
곱은 손에 입김을 불며
저기
걸어간다

차마
입이 떨어지지 않아
하지 못했던 말들은
영원히
온 데 간 데 없고

소리 없이
보이지 않는 긴 궤적을 그리며
바람에 날아가는

다시는 돌아오지 않을
희고 작은 눈송이
눈송이들

손잡아 보고 싶은 사람
말을 건네고 싶었던 사람
떨리는 입술로
가까이 다가가고 싶었던 사람

아무도 모르게 바라보고
아무도 모르게 인사를 하고
아무도 모르게
수화기를 들었다 놓던

아무도 모르게 한숨 짓고
아무도 모르게 작별을 했던
그 사람처럼

아무도 모르게
밖에 눈이 오신다

첫 눈이
오신다.

추상(追想)

1.

시집을 읽다보면
잃어버린 미소와
그리운 손짓
책갈피 속에 넣어두고 잊어버린
그녀의 첫 번 편지

페이지를 넘길 때마다
서가(書架)를 넘어 무너져 오는
젊은 날의 드높던 성이여
고함소리
바람에 쫓기던 육십 년대 초

인사말도 못하고 헤어진
친구

2.

활자의 사이사이로
내미는 얼굴

누구 였던가, 여백도 없이
우리의 노트를 메운 세월
야행열차 속에서 졸다가
언듯
지나쳐버린,
돌아보아도 돌아보아도
돌아오지 않을
허망한 꿈

두 손을 모아 비비면서 자꾸만
하늘을 본다

책장을 넘기다 보면
주체할 수 없이 큰 청춘의 깃을 올리고
헐렁한 걸음으로 골목을 돌아가던
까까머리가

초라해서 더 정다운 몸짓으로
해쓱한
얼굴을 내민다.

연가 (1)

한 마리 거미를 근원으로 하여
쌓아온 가슴으로
바씰리 페드로브나 이바노비치
그대
젖은 빛 레일의 꿈을 꾸었지.

어깨가 쳐지도록 긴 총을 멘
초년병의 머리를 기억하나?
어느 겨울 우크라이나의 긴 숲에서 만난
이리의 동결(凍結)하는 여린 울음을 삼키며
밤 내 잊을 수 없던 가련한 소녀의 얼굴은
해안의 음울한 안개 속으로
쏜살같이 도망쳐 갔지.
바씰리 페드로브나 이바노비치
그대 수부가 되겠다던 엄청난 야망은 살아
폿대를 거두고 입항하는 풍성한 배를 기다리는
어부의 어린 딸이 되었지만
어느 비창의 폭풍이 치던 날
파도를 향해 미친 듯 빠져 들어간
가엾게도
너무 젊은 여인의 소식을 들었을 뿐 이었다.

지나간 여름 이까의 흉어(凶漁)를 쓰리게 생각하는
지금은
찢어진 그물을 향해 끊어지도록
발대를 놀리는 겨울의 부두에서
짠물의 침식으로 흐려진 수경을 끼고
해저를 더듬는 이월(二月)의 해녀가 되어
번번히
가벼운 그물을 힘없이 끌며 돌아오는,
가난한 여행자가 되어
해 지나간 신문지에 싸인 한 마리의 생선을 응시하는
헐벗은 버스 안의 나는
피난살이의 가난에서 엄마를 부르다 간
내 어린 누이동생의 죽음과
마르멜라도프의 죽음 새를 수 없이 방황하다가
여윈 다섯 손가락을 꺼져가는
촛불 아래 편 나의 떨리는 G현은
적셔진 나래로나마 퍼덕이며
고뇌에 찬 운명의 선율 위를 나르며 있네.

그 뻬째부르그의 가두 화랑 제법 어울리는
그대들 채색된 눈은
머리를 흩트리고 선 페인터의 짙은 표정을 보고
벽이 터지도록 넘쳐난 언어는 서랍에 쌓이는데
마침내
온갖 대화를 간직한 나의 아뜨리에여!
영원히 열지 않을 그대 폐문(廢門)에 기대어
조금씩 나른해져오는 나의 육신을 음미하며

조용히 눈을 감아보네.

마르멜라도프: 「죄와 벌」의 여주인공 쏘냐의 아버지: 비관적인 술주정군.

이까: 오징어

병사의 수첩에 쓴 시

눈물이 내리듯
눈 내리는 그런 전장에서
박 하사
우린 만났지.

여름 내 다듬어 온
찬란한 옷을 벗기우고 군가가 들리는
마음 떨리는 광장에 섰을 때
그대가 부르려던 노래를
생각해 보기로 하자.

가장 긴 하루들의
－그것들은 정말 긴 하루였었지－
전투사격장에서 그대가 읽어주던 성경구절

배고픈 것은 육신 뿐이 아니었다.

야전등 아래서 시를 쓰던
스무 살의 김 하사와, 지아비 여읜
얼굴 이쁜 어매를 위하여
매일 밤 편지를 쓰던

식기당번 신 일병

모두들 문을 닫고 외출해 버린
가장 짧은 날에
홀로이 문을 열고
그대 누구를 기다렸을까.

그대의 군화 소리가
복도의 작은 등 앞에
그들의 짙은 숨결과
창밖의 겨울을 모으던 밤에
그대의 캔버스 위에 그려진 나무
헐벗은 나무

그대의 슬픈 얼굴을 나는
잊을 수가 없다.

눈물이 내리듯
눈 내리는 전장에서
박 하사
우린 만났지.

애기무덤

너의 존재의 근원이 궁금하거든
이른 새벽
하루의 첫 햇빛을 받고 있는
애기 무덤을
그늘 쪽에서 바라보라

그 빛은
대지의 여명에
저 먼 티벳 고원 끝을 비추는
생명의 빛과 같은 빛이며
이브가 쫓겨난 에덴의 동쪽에
떠오르던 태양의 빛과
같은 빛이다

아, 그런데
나는 오늘 처음 알았다

아담에게 그렇게
찬란해 보였던
그날 아침의 눈부신 아름다움은

그 동산의 서쪽에
눈을 내리깔고
다소곳이 앉아있던
어둠 때문이었음을

애기 무덤의 반대편에
누워있던
서늘한 그늘 때문이었음을

그날
빛과 그늘
생명과 죽음의 어울림이 만들어 내는
지극한 아름다움을 보고
함박웃음을 짓던 이는

오직
그 분
한 분 뿐

수억 년이 지난 오늘
여명에 비로소
그 비밀을 안 나는
감히 웃지 못한다

경외의 마음으로
그저
바라볼 뿐.

양정학교

그리웠다 그러면
너무 무정하고
보고 싶었다 그러면
조금은 쑥스러워
그냥
생각났었다 그렇게
말하기로 한다.

너희들을 생각하면
어느 구월
처음 양정의 캠퍼스를
찾아갔던 날처럼
가슴이 뛴다.

약간 위로 경사진 진입로의
양쪽으로
넓은 소매를 나붓기며 서 있던
나이든 푸라타나스

아침 채플시간마다
교무실

내가 앉은 의자에서
고개를 들면 보이던

숲속의 작은
돌집 예배당

운동장에서 들리던
왁자지껄한 아이들의
놀이소리

둘 셋씩
나무 밑 벤치에 앉아
비밀스레 얘기를 나누던
알 듯도 한 아이들의 모습들

크리스마스 이브를 준비할 때의
설레던 마음
누구를 보나 들떠있던
얼굴
얼굴

어디로 가나
술렁이던 교실
우리는 그렇게 싼타를 기다렸다.

막 수업을 마치고
책과 출석부를 앞으로 안고

교무실로 들어오던
젊은 새내기 여선생님의
상기된 얼굴

무엇보다도
수업시간 마다
기대에 찬 눈으로
내 얼굴을 쳐다보던
아이들의 얼굴
얼굴

지금 어디서
무엇이 되어
푸른 저 하늘을
쳐다보고 있을까.

술래잡기

지구에서 가장 큰 바다와
조그만 어린 아이가
땅과 바다가 만나는 곳에서
장난을 치고 있다.

바다가 큰 팔을 벌리고
우우 쫓아오면
아이가 키득거리며 도망가고
바다가 지쳐 도망가면
아이가 발을 구르며
작은 손을 꼼지락 거리며
뒤쫓아 간다.

다음 날은
아이가 먼저 술래가 되어
덩치 큰 바다를 몰아 부친다
깔깔거리는 아이의 웃음에 놀라
바다는 뒤돌아보며 도망치고
아이는 앞으로 넘어지고 일어서며
작은 손으로
바다를 잡으려 한다.

달밤
– 「나뭇군과 선녀」에 부친 두 개의 변주

1.

하늘 여는 소리
행여 잠 깨울라
두레박 타고
하늘서 내리는 얼굴

물방울도 부끄러워
몸을 사리는
밤 달맞이 꽃
삼경
풍경 소리

띠를 감으면
옷이 날개 되어 나를 듯
손길 닿는 곳마다
물 소리되어 흐를 듯
잔에 넘치는 빛 무리
연꽃의 동그라미야

2.

달 방앗간 옥의 토끼
속삭임도 잠드는 꿈을
손길 고우신 어머니
바다에 멈추는 시간 쯤
안기울 듯
어른이는 치맛자락을
천년을 이백(李白)이 빠져 온 깊이

호수의 숲 속
산 아이도 숨을 때 쯤
월계화(月季花)
일념(一念)의 꽃님

그를 그리다
숨 닮은
선녀 되시어.

꿈 (1)

꿈들

지금은

지붕 밑 다락방에

누워 있다.

가끔은 깨어

높은 나뭇가지에 걸려

살랑거리기도 하고

밤엔

지워진 발자국 속을

헤매기도 한다.

더듬발이

새벽에 우리는
솜방망이에 기름을 적셔
덜 깬 바다 위로
횃불을 들어 올렸다.

그리고 불빛 아래로
영문 모르고 모여드는
낙지들과 전복
해삼이나 고둥들을

손바닥과 손가락으로 더듬
더듬 더듬어 잡아
양동이에 담아 넣었다.

그것들은 된장이나 고추장
김치나 간장등과
난로 위에서 냄새 풍기며 익어
배고픈 군인들의 위장을
따뜻하게 채워주었다.

우리는 맨발로

이른 새벽의 바다를
바쁘게 휘저어
크고 넓은 바다를
깨우고 있었다.

국토의 동쪽
토끼 꼬리 끝
언덕 위에 나부끼던
부대 표시기(旗)

작은 횃불을 들고
어두운 새벽의 해변을
차가운 줄도 모르고
꽁꽁 언 손으로
더듬거리던 친구들

지금은
모두 어디서
손 시린 것
마음 시린 것 모르고

세상 더듬발이를
하고 있을까.

작은 풀꽃

맑고
하얀
정맥을 드러낸 채

풀꽃은
죽어 있었다.

내가
생명의 막장까지 내몰린
고통으로부터

초원의 바람에 실려
황홀히
귀향하는 동안

이른 봄
식물원에서 사와

처음
싹 틔운

이제는
이름도 잊어버린

작은
생명

황토 빛
화분 속에

원망도
없이

풀꽃은

그 날

내 대신
죽었다.

—— 1996년 4월 24일 나는 왼쪽 신장 결석의 통증으로 미국 피츠버그의 성 프란시스 병원 응급실에 실려 갔고, 28일 퇴원하였다. 그 해 나는 일 년간 낯선 아파트에서 홀아비로 살고 있었다.

제 빛을 찾으려면

피부에 해가 없는
자연섬유 옷은

양잿물에 끓이고 삶아
밟고 두드리고
말린 다음에야

제 빛을 낸다.

마음이나 영혼이
제 빛을 찾으려면

세상에 밟히고 찢기고
두들겨 맞은 뒤

수억 년 묵은
햇살이나 빛살에

벼락 맞듯
씻겨야 한다.

구행시초(九行詩抄)

초생달 위 봉오리로 망울지다

보름달 위 환한 꽃으로 피는 것이

동토(凍土) 자궁 속 실뿌리 끝

방울 방울로 맺히다

외진 샘 생수(生水)로 넘쳐 나는 것이

우주 저 쪽

수줍은 별 빛으로 서성이다

하늘 열리는 아래

이마 밝은 소녀로 태어나는 것이

2.
다시 돌아올 수 없는

눈 오는 날

그 날
뒷산의 큰 소나무 가지는

눈의 무게에 겨워
우지끈
가지가 부러졌다.

언젠가 나도
한 번 쯤

내 영혼에 실린
사랑의 무게로

팔이 뚝
부러져 봤음 좋겠다.

김교수, 박교수, 이교수

김 교수, 이 교수, 박 교수

내 한 동안
그대들을 미워하고 원망하고
증오하였다.

어찌 저런 사람
교수 되었을까
모욕감에 몸을 떨며
분노하고 저주도 하였다.

그러나 이제
돌이켜 생각 하나니

마주
화를 내고 욕하며
때로는
뒤통수를 치고 싶은 충동에
홀로 열광하던 것도

실은

식물이 아닌 동물로

그저 동물이 아닌
인간으로

숨기지 않고 내던지며
팔팔하게 살던

한 생명의
나부낌이었거니.

김 교수 이 교수 박 교수

그대들이 있어
삼십 년의 내 삶은
참으로 인간다웠어라.

다시 돌아가
또 다투며
반평생을 같이
살게 된다면

더 치열하게 경쟁하고
더 분을 내어 돌을 던지고
더 주먹 휘둘러
상처를 주며

마침내
더 깊이 후회 하도록

잘못하며 실수하며
살아 주리라.

진실로 그 때 우리는

김 교수 이 교수 박 교수

사진 속에 밝게 웃고 있는
우리는

크게 흠잡을 데 없는

그저 동료 누구
누구 보다
조금
앞서고 싶었을 뿐인

괜찮은
선생들이었다.

쉰 다섯

지금
한 잔 술을 앞에 놓고
세상을 하직한들

무엇이 그리
아쉬우랴

안주로 나온
빨간 생선과
마이오네스가 묻은
과일 앞에서

너무나 싱싱한
장미 앞에서

나는
기가 죽는다.

붉은 입술을 하고
달력 속의 아가씨가
요염하게 웃는다.

아
안녕
나는 쉰 다섯

창밖으로 오가는 사람들을 보며
반갑게 안녕

안녕.

혼자 술을 마시는 일은

혼자 술을 마시는 것은
물을 길어 올리는 일이다
서서히
생명의 밑바닥으로부터
죽음 같은 늪으로부터
술은
길어 올리니까
소리 없이 뒤척이는 생명을.

혼자 술을 마시는 일은
생명을 놓친 자들이
슬며시 두레박질을 다시
시작하는 일이다
세월에 먹혀
형편없이 낮아진 생명의 바닥을
이리 저리 가늠하면서
잃어버린 생명의 매듭을 찾아
기다리고 기다리는
긴 긴
두레박질 이다.

무엇을

무엇을 꼭
채우려 한단 말인가

빈들을 보라
가릴 것 없는 맨 몸으로도
얼마나 넉넉한가
가없는 하늘과
햇빛만으로도
그의 창고는 가득하다.

우리는
무엇을 남기려는 것이랴.

화려한 옷과
비를 가릴 보금자리와
이웃들 그리고
정겨운 가족들로 매일
우리가 만드는 것은

고통과
더 큰 갈망

우리는 모두
부끄럽다.

온 종일 쉼 없는
빛의 노동만으로도 행복하여
서녘에 지며
수줍게 웃는 햇빛은

아 얼마나 큰
위로인가.

쉽게 살 일이다

쉽게 살 일이다
목로에서
술을 마실 때처럼

쇼팽을 멀리 할 일이다
서로
돌아설 때처럼

조용히 살아갈 일이다
공원을 걷는 노부부들처럼

가끔은
승마도 하고 사랑도
실연도 해야 하지만

지고 또 피는
생명의 모든 것들

모든 걸 알지
새침한
그녀는.

사는 것은

사는 것은
냄새에 익숙해지는 일이다
가로수 길의 냄새에서
사랑하는 사람들의 냄새까지
아침 커피의 향기에서
오래된 애장본(愛藏本)의 책 냄새를 맡다보면
어느 덧 중년이 된다.
싫은 냄새도 익숙해지면 정이 들어
숙명이라 이름 붙이고
호주머니 이 쪽 저 쪽에 잔뜩 구겨 넣는다.
노년은 주섬주섬 냄새들을 쌓아놓다가 …

사는 것은 냄새에 익숙해지는 일이다
사는 것은 마지막
냄새를
낙엽의 연기로 태워 올리는 일이다.

독립선언

1.

더 이상
자라지 않겠다.

더 이상
흔들리지 않겠다.

더 이상
기웃거리지 않겠다.

누가 더 큰가
우스운 얘기다.

배운 노래는
다 잊겠다.

배우기 전에 배운 노래만
생각하고 부르겠다.

2.

바보상자는
바보들에게 준다.

그것은 원래
내 것이 아니다.

맑은 머리속을
스쳐 지나가는

힘찬 바람만
잡겠다.

배우기 전에 배운 이야기를
하나씩 끄집어내 보겠다.

재미있을지는
생각하지 않기로 한다.

3.

내 목청 껏
창공이 찢어져라

가능하면

내 박자를 찾아내어

하늘과 땅을 향해서만
부르겠다.

생명을 다하여.

다시 돌아올 수 없는

어제 밤
뒷산 숲 속에서
쌓인 눈의 무게에 못 이겨
소나무 가지 부러지는 소리를
어렴풋이 들은 것 같은데

아침
강가에 오니
작고 크게 깨어진
얼음 조각들이
강기슭 물길 따라
하나, 둘, 셋
떠내려 오고 있었다.

어떤 것은
큰 밥상만 하고
어떤 것은
장독 뚜껑만 하고

어느 것은
과일 쟁반만 하고

어느 것은
안방의 다듬잇 돌만 하고

어느 것은
아내가 들고 다니는
시장바구니만 하고
어느 것은
우리 막내 딸
도시락 가방만 하고.

어깨로 버티며
깨져나가지 않으려고
얼마나 용을 썼는지

얼음조각들 몸뚱이는
온통 상처투성이다.

이렇게 깨어져
흘러가고 나면
다시는
정든 이 산하로
돌아올 수없는 것을
알기 때문에

그 작은 머리로
얼음을 부수려는 듯
자꾸 치받던

망둥이며
그 겁 없는 붕어들
다시 볼 수 없기 때문에

비록
차가운 냉기로 가득 찼지만
마주 보다 친해진
새침한 하늘을
다시 볼 수 없기 때문에

얼음 조각들은
빨리 흘러가지 못 하고
자꾸
주위를 두리번거리며
멈칫 멈칫 흘러간다.

내 모양이
이쁘면 어떻고
미우면 어떠랴.

다시는
이 모습으로 돌아올 수 없는

이와 똑같은 모습으로는
다시 만날 수 없는

강가의 언덕과

헐벗은 나무들을 뒤돌아보며

한 쪽 어깨가 으깨지고
코가 뭉뚝 떨어져 나간
얼음덩이들이

주춤거리며
다리를 끌며

강기슭을
떠내려가고 있다.

정말 다시는 돌아올 수 없는
먼 길을

그렇게
흘러가고 있었다.

혜라

혜라는

폭풍 뒤
맑게 개인
하늘

혜라는

깜둥이 구름 쓸어가는
신기한 바람

혜라는

미소

세상을 가득 채우는

아빠에겐
온통

미소

—— 1995. 8. 24.
혜라의 열여덟 번 째
생일을 축하하며.

아빠와 딸

놀라워
아빠는 그저 웃는다.
언니가 벌 받아 손들고
벽을 향해 서 있으면
덩달아 옆에 가서 손들고 서서
힐끔 힐끔
아빠 눈치 보던 꼬마가
아, 고등학생이 되었어.

멋 부리느라
하느님이 띄운
파란 이른 봄 하늘의
몇 조각 흰 구름

문득
눈부시게 하얀 깃만
기억에 남은
아빠의 학창시절
어떤 여학생 생각이 떠올라

아빠는 몰래
얼굴을 붉히고 있다.

손주 정호

십팔 개월 난
우리 손주 놈은

요즘 무척
할 말이 많은데

통역할 수 있는 이가
아무도 없다.

제 엄마가
몇 마디
아는 체 하지만

두 마디만 넘어가면
그 마저도 손을 들고

아이는 무슨 말인지
마구 해댄다.

때로는 혼자 뒤뚱 뒤뚱
걸어가면서

어느 때는
핸드폰 들고

제법
심각하게,

아무리 귀기울여 들으려 해도
아 이리 궁금할 수가.

분명한 건
서양말 아닌 동양말인 것,

답답해도
왜 이리 기쁘고 즐거운가.

못 알아 들어도
들뜨고 기대되는 건

아이의
이 말 뿐이려니

지상의 말 아닌
천사의 말을

감히 어찌
들으려 하는가!

그 날 한강은

정월 그믐 날
남양주
한강에 갔다.

강가를 따라 올라가는 동안
수년 만에 얼어붙은
강의 한 가운데

바위 같이 검은 점이
두 개 보였다.

강추위가
주춤하는 사이에 녹은

작은 연못 크기의
해빙(解氷)터 가장자리에

움직이지 않는
붙박이 바위려니
지나갔다.

그러나 돌아오는 길에
그 바위 앞에 두세 개의
검은 점이 어른어른
움직이는 것을 보았다.

가까이 다가가 보니
아, 눈만 빠끔한
막 태어난 물오리 새끼들

붙박이 바위로 보았던
검은 두 개의 점은

그 매서운 추위에도
꼼작 않고

새끼들을 지키고 있던
어미 오리 둘.

그 날 한강은
어미 오리의 사랑으로

조금씩
녹아들고 있었다.

영라

서른 다섯
큰 딸

공부하러
미국 보내고

아내와
서로 의지해

집으로
돌아온다.

기차로 오는 길
벼들은 무성하게
온 들판을 뒤덮고

비 온 뒤
강물은 불어

다투듯
흘러 내렸다.

두 시 오십이 분
작은 딸이 보낸

핸드폰 메시지는
아빠를 위로하려는

자식의
배려였을 것이다.

—— 2008년 8월 16일 오후 두시 사십 오분
영라를 하바드로 보내고.

연가 (2)

당신을 가장
아름답게 만났던 순간은
홀로
겨울 바다를 거닐 때였다.

당신을 가장
뜨겁게 만났던 순간은
홀로
「운명」의 제일 악장을 듣던 때였다.

당신을 가장
깊이 만났던 순간은
시베리아 동토(凍土)의 저 끝에서
여명이 밝아오는 것을
대륙횡단 비행기의 창 끝에 앉아
홀로
바라보고 있을 때였다.

그렇게 그립다가
당신을 만났을 때
당신은 낯설었고

우리의 이별은
그렇게 시작되었다.

그리움 (3)

그리운 순간들은 항상
갈망 속에서만
살아 있다.

가끔은
바람 부는 강가에 되살아나
포풀라 나무들을 흔들기도 하고

밤중의 배갯 머리에 찾아와
플룻소리를 내기도 하지.

곁에 있는 나무개피로 라도
불을 지피면 될 것을

땔감이 모자란다고
멀리 다녀온 사이에

어느 덧 불은 사그러들고

돌아갈 시간은 벌써 거기
다가와 있었다.

술과 담배와 하늘과 사랑과

눈을 뜨면
보이지 않게 몰려오는
밤나라의 벌떼

여자의 이쁜 웃음에 윙크도 못하고
항상
바삐 떠나지.

그래도
담배연기를 손으로 휘젓고 나면
어렴프시 트이는 길

가끔은 아가의 미소도
이파리도 바다도 떠오르지만
여름날의 포말(泡沫)일 뿐

그러나
막걸리 잔을 휘저어 보면
밤 새 눈물을 흘리며 휘저어 보면

맨 밑바닥, 몇 번의 죽음 다음

떠오르는 하늘
아틀라스가 떠받들고 섰는 하늘

그래도 어두운 숲 속엔 매일
기억에 없는 나무들이 자라 나를
번번히 부딪히게 하고

그러면 또 몰려오는 벌떼소리
그래서 나는 매일
하늘과 길을 잃어버리고

사랑에 못 이겨
과음하지.

목로주점

나이가 들어서도
서방님 겁내던
아직
눈 이뻤던 할매

그녀가 척척 부쳐주던
파전, 김치부침
술군들을 유혹하던
닭발 굽던 냄새

그득그득 채워주던
넉넉한 왕 대폿잔

밤늦게 혼자 찾아오면
청승맞다 퉁 주면서도
맛있는 안주 한 점
덤으로 얹어주던

열두시 넘어 귀가할 때면
앞만 보며
보호하듯 따라와 주던

열두 살짜리
'벅구'

그런 날은
참 달도 높이 떠서

나를
바래주고 있었다.

정적

정다운 기와지붕 너머
밤별들 사이에
정적은 걸려 있었다.

해우소(解憂所) 부근의 어둠과
깊은 아궁이 근처의 쓸쓸함
작은 탑 모양 솟아
아버지의 파이프 담배처럼
연기를 피워 올리는 굴뚝

정적은
쓸쓸하지만
흔들리지 않는 모습으로
우주를 건너가고 있었고

그것을 보는 동안
외로움은 견딜만 하였다.

별들은
이전에 만났던 사람들의
눈빛을 간직하고 있었고

이후에 만날 얼굴들에 대한 기대로

잔뜩
긴장하고 있었다.

외로움

달을 향해 손을 들고
나야, 나 여기 있어
소리친다

아무 대답이 없어
또 소리친다
나야, 나, 나 몰라
나 외로워

달은 날 보듯
구름 제치고
찬란한 이마를 치켜든다

아름다우려면
외로워야 돼
외로움 다 살라먹고
오래
네 별 위에 서 있어

더 이상 견딜 수 없다는 것까지
다 잊고 그렇게 서 있으면

너 잠든 새
천사 내려와
제 연지를 슬쩍 네 볼에
찍어주고 가지

그 때부터 넌
지구의 별이야

외로워도
외롭지 않은 별

깊은 밤
외로운 이들이 몰래
만나러 오는

숨겨 놓은
연인 같은 별이야.

딸들아

딸들아

오늘은
복종으로 숙였던 머리를
치켜들고

당황해 하는
바다로 나가라

딸들아 오늘은
부자유와 슬픔
참아온
눈물을 쏟아놓고

기다리다 지친 꽃머리
땅 속에 넘어져 있는
목련의 뿌리들에게
너의 기쁨을 뿌려줘라

딸들아 오늘은
그래

옷고름 풀듯
맺힌 이야기들을 풀어놓고

새로운 천지
잃어버린 꿈들이 사는
나라로

〈그래
캔버스의 먼지부터
털어내야지〉

딸들아
오늘은 말이야
바람과 화분 속에 숨겨둔 노래
노트 속에 접어둔
사랑을 챙겨들고

떠나거라
어디론가
손을 흔들며.

꿈 (2)

1.

시(詩)는 죽었다.
그것은
뉴스도 아니었다.

2.

그런데
시가 살아서
펄펄
날아다닌 단다.
애도의 엽서들이
타버린 잿더미 위로
훨
훨

그것은
시인의 말을 대신하던 풀잎의
꿈

3.

시를 보았다는 은자들의 묵언이
소문으로 돌고 있었다.

그리고
그것을 전한 것은 바람이었다.

4.

그러나
바람일 뿐
소리일 뿐

차라리 그것은
입으로 푸른 연기를 뿜어
십년 가뭄에 단비를 내린
천년 묵은 두꺼비

5.

시를 보았다는 은자들의 묵언이
소문으로 돌고 있었다.

그리고
그것을 전한 것은
바람이었다.

질문

해가 녹으면 뭐가 되지

땅이 녹으면 뭐가 되지

하늘이 녹으면 뭐가 되지

집이 녹으면 옷이 될까

차창 밖의 흰 눈이

눈 사진 찍으라고 누워 있고

아이는 엄마에게 자꾸 묻는다

산이 녹으면 뭐가 되지

기차가 녹으면 뭐가 되지

3.
간이역

시(詩)

낡은 처마 끝의
눈 물 보듯이
시를 쓴다

혼자 길러 온
스물 여덟 해의
때묻은 머리
그것을 쓸어 넘기듯이.

눈을 감으면
눈에 덮여 안 보이던
상체기의 핏자국
그 아픔에 흰 가제 대듯
시를 쓴다.

서툰 원정이 되어
얼마나 많은 백합을 나는
시들게 하였나

어느 날
가슴 위에 떨어뜨린 술자국과

적은 바람에도 잠겨버린
담배연기

꽁초 아끼듯
시를 쓴다.

진리

교수가
'진리는 주관적인 것이야' 라고
말했더니

학생이
'교수님 그러면 진리가 아니잖아요'
라고 의아한 듯 묻는다.

아이들은 모른다.

진리란
부다페스트에서 총칼 앞에
피 흘리며 쓰러진 소녀의
꼭 다문 입술 위에
꽃으로 피어났던 것을.

진리란
몇 병의 소주와
오뎅 냄비를 지키며
손님을 기다리는 아줌마의
단호한 손길 속에
따뜻한 입김으로
펄펄 끓어 오르는 것을.

1980년 (1)

강의실에서
뚫어지게 칠판을 보던 아이들이
하나 둘
교문 밖으로
사라져가고 있었다.

오직
생명을 자랑으로 하여
풀잎처럼 펄럭이던 아이들이

정의가 쓰러졌다고
가진 자가 갖지 못한 자들을 착취하고
사랑은 이제 낯선 이름이라고
그러면서
뛰어 나갔다.

그저 같이
바르게 사는 길을 위해서만
아이들은 외쳤다.

대통령은 화를 내고

부자들은 총 든 자들을 부추기고
길 위에 아이들은
돌맹이처럼 뒹굴었다.

아이들이 외친 것은
나쁜 자들로부터
어머니와 누이들을
이웃과 세상을
지켜달라는 것

그것만은 이제
아니었다.

1980년 (2)

대학원 도서관
모퉁이를 돌아서

책가방을 든 아이들이
기침을 하며
재채기를 하며
뛰어가고 있었다.

창문을 꼭꼭 잠그고도
쓰려오는 눈을 어쩌지 못해
교수는 책을 덮는다.
'그만 하지!'

1980년
저녁 어스름을
아이들이 하나 둘
강의실을
빠져 나가고 있었다.

교련조회

이팔(二八)의 나이들
모자 채양의 그늘에
용기를 감추고 선다.

조국이 위태한 날
선명한 피로
우리의 산하를 둘러싸고

아침
강산의 동맥 속을
맑게 씻어내려

정오엔
두 쪽 난 조국의 심장을
떠메고 갈.

겨울바다

바다는
나를 삼켰는데
빠진 나는
의식도 맑고
머리도 맑아와서
다시 바다 위로 솟아나
떠다니며
겨울의 바다를 생각하였다.

어느 6·25

6·25 때
장병 일인당 하루
담배 배급량은
화랑 한 갑
양담배 열 개피

전쟁 중
죽는 사람 많아
보급담당 김병장은

담배더미에 앉아
실컷
담배를 피웠다.

Plymouth 민속촌

토종 인디언은
간 데 없고

혼혈 백인 여자가
곰가죽 위에 앉아
대역(代役)을 하고 있었다.

근처 연못에서 돌아 온 사내는
맥이 없고
나무 밑둥에 기대앉은 그에게
말을 건네는 손님은
아무도 없었다.

왕자를 태웠던 백조는
하얗게 늙어
가까이 간 소녀를
겁나게 한다.

네 살 짜리 인디언 소녀가
푸른 눈을 들어

자기네 조상 같은
동양인을
물끄러미
쳐다보고 있다.

기도

당신은 문득
새벽
빛으로 들어와
내 마른 눈에 입 맞추시어
당신을 보게 하십니다.

제 귀를 닦아
잊어버린 노래를
듣게 하소서.

당신은 마침내
내 깊은 곳에 고인 언어들을
온 밤 내 길어 올리게 하사
맑은 눈물로 고이게 하는
시인입니다.

저는 연약함으로
매 순간 죽으나
당신은 매 순간 저를 살리사

빈 들

마른 가지에

한 송이 꽃으로
피게 하십니다.

누구십니까

누구십니까
하늘 열린 날 빛 아래
작은 둥지를 지어주신

누구십니까
커다란 날개로
미친 들바람을 막아주신

누구십니까
생명의 귀함을 알도록
문득 순금(純金)의 아이들을 내려주신

누구십니까
삶이 고통임을 아는 자에게
메이지 않는 학(鶴)의 날개를 달아주신.

황혼

매일 한 번 씩
지각한 천사가
급히 그려 놓는

몇 번의 붓질로
다 되어 버리는
해질 녘
그림 앞에서

지는 햇살을 등에 지고
소년의 노에 몸을 맡기고

뒤뚱거리며 돌아오는
입 무거운
범선(帆船)들아.

유성(流星)

나는 아이들에게 말했다
외로울 땐 하늘을 보라고.
그러나 내가
별들에서 돌아서자
별들은 아무도 나를 부르지 않았다.
별들도 자기들의 사랑이 있는 줄을
나는 몰랐던 것이다.
그래도 빈 몸으로 맴돌다 쓰러지는
모두들 밟고 떠난 풀 자리여
어두운 얼굴로 마주서는 하늘이여
그대의 열린 듯 닫힌 창을 뚫고
하나 둘 터져오는
가까운 듯 먼 생명
나는 이 소리 없는 폭죽 속에
황홀하게 폭발하여 추락한다.

모두들 밟고 떠난
지구의 풀 자리에.

간이역

간이역

역부가 흔드는 깃발로 날리는
눈
눈

초록색
핸드백을 든 여자가
내 앞에 앉아
내 생의 더 먼 곳으로 까지
눈이 내리게 하고

"아가씨
눈이 펑
오래 내리네요"

그녀의 입김은
금방
엷은 성에가 되어

마지막 겨울까지

나를

광막(廣漠)의 눈밭으로
방황하게 한다.

순간

나는 첫 눈에 그가 예수님이라는 것을 알았다. 그는 우리 아버지와 비슷하였지만 조금 더 까칠하고 조금 더 피곤해 보였다. 나는 예수님의 뒤를 미행했는데, 그는 놀랍게도 포장마차 집으로 들어갔다.

놀랐지만 나는 그가 돈이 없으리라 짐작하고 대신 술값을 지불할 양으로, 포장의 틈새로 그를 엿보며, 그의 독작(獨酌)이 끝나기를 기다렸다.

그는 소주를 들고 있었다. 완전히 방심한 눈을 하고. 주인이 내어놓은 기본안주는 풀이 죽어 꼼짝도 안했다. 위장이 상할 텐데, 안주도 따로 안 시키고, 나는 애가 탔다. 그의 주량은 우리 아버지 보다 센 모양이다. 나는 은근히 내 호주머니 사정을 걱정하기 시작했다. 그러나 웬 걸, 그는 아무 말 없이 그 집을 나왔고, 주인은 전혀 그를 거들떠보지도 않았다.

나는 그의 자취를 놓칠까 걱정했지만 포장마차 집 주인에게 술값을 물었다. 주인의 대답은, '무슨 돈? 왜?'

나는 왜 예수님을 찾고 있을까?

그를 놓칠세라 나는 부리나케 쫓아가 그의 옷자락을 붙들고 울음을 터트리고 말았다. 그의 눈은 이제 피곤한 눈이 아니었고, 그를 새벽닭이 울기 전 세 번이나 부인한 제자를 보던 눈이었다. 회개하여 십자가에 거꾸로 매달려 죽을 용기 있는 녀석으로는 아무래도 보이지 않았던지 그는 내 손을 잡아 자기 옆구리에 대었다. 아직도 피가 흐르고 있었다. 너무 놀라 입을 벌리고 있는 내 손을 그가 놓아주자 나는 내 손바닥을 유심히 들여다보았다. 이천 년 고통을 확인하려고.

피는 보이지 않았다. 나는 고개를 들어 그에게 물으려 하였다. 그러나 그는 거기에 없었다. 우러러 나는 하늘을 보았다. 어둠 뿐, 비는 내리지 않고 있었다.

코리안 엘레지

1.

머리를 박박 깍은 검은 사람이
갑자기 권총을 들이댔다.
전당포는 우리의 밥줄이었다.
나는 무서웠다.
서랍에 든 권총으로 나는
그를 쏘았다.
총질을 한 것은 나의 공포였다.

오늘 내일 모레 오늘 내일 모레

나는 감옥에 갇혔다.
창살 사이로 파란 하늘이 찾아왔다.
그것은 고국의 하늘이었다.
나는 마음이 평안해졌다.
전당포도 검은 아이도 권총도 없었다.
감옥은 나에게 잊어버린 어린 시절을
선물로 주었다.
나를 감옥에 가두는 것으로
공포를 잡았다고 믿는 세상이

슬플 뿐 이었다.

오늘 내일 모래 오늘 내일 모래

나는 영어를 잘못했다.
그것은 죄가 아니다.
나는 한국어를 잘한다.
슈퍼마켓을 시작했을 때
검은 아이들은 매일 몇 명씩 몰려왔다.
그들이 쑤왈대는 사투리는
미끌미끌 굴러가고
검은 몸에서 번쩍이는 튼튼한 이빨
그들의 눈은 어둠 속에서 번쩍이는 비수였다.
놀리듯 비껴가는 영어와
분주하게 움직이는 그들의 손을 쫓아
훔쳐가는 손 신고하면
장사는 그날로 끝이었다.

오늘 내일 모래 오늘 내일 모래

누구의 죄 값을 우리는 치르고 있는가.

신랑의 체온 그리워 손 뻗치면
텅 빈 자리여 싸늘한 바람
새벽 두시면 가고 없는
불쌍한 사람 그는 채소장수.

오늘 내일 모래 오늘 내일 모래

미세스 리는 통닭장사로 돈 모았는데
지금은 여자 술꾼 혼자 산다네.
도와 줄 사람 품삯 일군 구할 돈 없어
새벽부터 낮과 밤 긴 긴 사년을
이놈 저놈 이년 저년 부딪치다가
천생의 연분 금슬 다 스러지고
지치고 지친 그날 밤
개새끼 소새끼 막 나간 날
돈 있겠다 반 싹 갈라 보따리 쌌네.

오늘 내일 모래 오늘 내일 모래

만기제대 대학졸업 미국대학원
입학허가서 받은 날 쨍쨍하던 햇빛이여
돈 있는 나라 무슨 걱정 안심했지만
세탁소 신문가판대 주유소 급유원
식당보이 접시닦이 호텔 밤 인부
하루에도 두 세 개씩 막 뛰었지만
남은 건 오년만의 쓸모없는 석사학위증
잠 모자라 걸린 긴 불면증이여.
강탈당한 황소 같던 내 청춘이여.

오늘 내일 모래 오늘 내일 모래

지금은 꿈 잃은 미니마트 주인

실낱같이 내 생명 이어주는 건
서른다섯에 낳은 두 살짜리 데이빗트 박.

오늘 내일 모래 오늘 내일 모래

2.

학창시절 그 자식은 미남이었다.
깔끔히 정리한 청강노트와
레이디 퍼스트 여남 동등 맞장구쳤지
칼라 피플 오케이가 너무 신통해
백 한 송이 장미에 홀딱 넘어가
근사한 성당에서 혼례식 했지.

오늘 내일 모래 오늘 내일 모래

첫 아기 때 배 아파 병원 가던 날
너무 아파 떼굴떼굴 굴러갔는데
깜짝 죽은 다음 날 내 옆에 누운
까맣고 까만 아이
오! 하나님
돌아가신 할머니가 까맸었다고
울며불며 고해하는 그 자식 불쌍해
발길 끊은 우리 엄마 내 동생 철수
아무리 보고파도 꿀꺽 참으며
오늘 내일 모래 오늘 내일 모래
우는 자여 그대 이름 '예쁜 코리안.'

그는 자랑스런 맹호부대 용사였다.
그러나 복권 파는 마누라의 잔소리에 쪼여
용맹은 간 데 없고
컴퓨터도 모르는 고개 숙인 이방인
취미도 별명도 잊은 채
아내의 눈치 보며 오늘도 묻는다.
'여보 커피 타줄까?'

오늘 내일 모래 오늘 내일 모래

대학교 다니는 아들 녀석은
공부도 잘하고 몸도 좋지요.
하지만 목뼈와 허리뼈는 벌써 굳어서
아저씨 삼촌 할아버지
아무리 와도
뻣뻣한 채 겨우 그냥
하이 엉클 하이 그랜 파
애비가 보이는 시범엔 빙긋 웃을 뿐
고얀 녀석 망할 자식 내 후레자식.

오늘 내일 모래 오늘 내일 모래

종달새처럼 일찍 일어나고
개미처럼 일하며
올빼미처럼 밤새우며 죽어라 공부해
미국을 삼키자고 우린 말했다.
박사 되고 교수 되어 이름 날리다

조국의 부름 받고 백마 타자고
미국 고생 이십년은 짧은 세월이 아니었다.
그러나
금의환향 손 흔들며 떠난 김 교수
삼년 못 되 보따리 싸 쫓겨 왔다네.

오늘 내일 모래 오늘 내일 모래

고국에서 묻혀오는 바람은
쌀쌀한데
조국은 왜 이리
그리운가.

오늘 내일 모래 오늘 내일 모래

비행기 구경

그날 나는
워싱턴으로 가는 비행기를
기다리고 있었다.

Fl Nr 1759
Dept Time 11:55

꼬리를 빳빳이 세워 올린 비행기들이
자신의 항로를 찾아
부지런히 움직이고 있었고
활주로 건너 낮은 언덕에는
항공관제 레이다가 유유히 돌고 있었다.
게이트 앞 대기실에서 사람들은
비행기를 기다리고 있었다.

어떤 사람은 신문을 읽으면서
어떤 사람은 가방을 꼭 껴안고
어떤 사람은 생각에 잠긴 채로
어떤 사람은 휠체어에 앉아
어떤 사람은 아이스크림을 먹으며
어떤 사람은 친구와 이야기에 빠져

어떤 사람은 보채는 아기를 달래면서
비행기를 기다리고 있다.

우리는 항상
무엇을 기다린다.

태어 날 생명을 기다리기도 하고
멀리 떠난 남자를 기다리기도 하고
가까운 사람의 편지를 기다리기도 한다.

무엇을 기다릴 수 있다는 것은
얼마나 큰 축복인가

졸업하는 날은
미지의 세상에 대한 그리움으로
온통 흥분하여 떨고
입학하는 날은
새로운 만남에 대한 기대로
가슴이 설레인다.

산다는 것은
공항에서
비행기를 기다리는 일이다.

9일 간의 그리스 - 터키 여행

위로

비행기를 타고
하늘을 나는 동안 보이는
넓고 끝없는
흰 구름밭과

(내려서
  그 흰 눈밭에서
  동무들이랑
  눈싸움하고 하고 싶다.)

저 아래
아기자기한 대지의 풍경들은

사는 일에 지친
나그네들에게
신이 주시는

화려한 위로이다.

출발

비 온 뒤
새벽의 정적
호텔 앞 작은 숲이 보내는
출발의 신호

카이사르 공항을 향한 버스는
부지런히 시동을 걸고

우리는 아직 하품을 하며
기분 좋은 긴장에
부르르
몸을 떤다.

기억하라, 쿠샤다시항의 밤의 표정

터키에서는 겨울이
고속버스를 타고 온다는데,

금년 겨울엔
교통에 혼잡이 생겨

눈이 올 무렵인데도
여름비가 내렸다.

2008년 11월 18일, 터키

가을 날씨인데도
흠뻑
눈이 온 곳이 있었다.
백설이 쌓인
시골 휴양지의 눈밭에서
붉은 피를 뿌리며
자살을 감행한 영화
〈悲雨〉의 주인공들이었던
오마 샤리프와
카트리느 드 노브의 마지막
장면이 떠올랐다.
그들의 죄는
이룰 수 없는 사랑에 빠진 것 뿐,
겨울도 아닌 계절
터키의 석회산에서
문득
흰 눈밭에 서 있는 것 같은
환상에 젖는다.

—— 신의 축복이라고
터키인들이 생각하는 비를
흠뻑 맞은 날
오전 아홉시 삼십분 쯤에

보스포러스 해협을 건너며

우리는 문득
가슴이 설레기 시작했다
이스탄불 부두
작은 배들이 까불대는
부산한 항구가 눈앞에
다가서는 순간

구일의 여행 중 마지막 날인데
처음 여행을 시작하는 듯한
착각에 모두 와르르 웃었다.

이스탄불 항구는
내가 본 항구 중
작고 큰 배들이 가장 많이
들락이는 부지런한 포구였다.

손을 흔들며 배는 떠나고
큰 뱃고동 소리를 울리며
덩치 큰 배가 문득
항구로 쳐들어오곤 했다.

왼쪽은 아시아
오른 쪽은 유럽

보스포러스 해협을 가운데 두고
우리는 어느 땅으로
떠날거나

해협을 가로지르는 긴 다리가
배를 타고 보니
샌프란시스코
금문교 보다 더 아름답다.

소박함 때문일까 아니면
아침(09:30-10:10 am)
바다의 색갈 때문일까

다리 밑을 지나며 보는
비잔티움의 풍경이 정다웁다.

(금싸라기 같은 큰 땅을 소유한
중동의 한 왕자가 어느 날
이 땅을 모두 팔겠다고 나섰다.
'이 땅을 다 터키에 줄테니
그 곳에 호텔 하나만 짓게 해달라'
그가 원했던 것은 그가 사랑하게 된
다이아나라는 여자와 훗날
그 곳에 사는 것이었다.)

갈매기가 같이 날자고 손짓 한다.
지치면 파도 위에서 쉴 수도 있다고
갈매기가 물위 파도 사이에
살풋 앉아 보인다.

보스톤 단상

바다 위로
비행기 내리고

연회색 가옥들
줄지어 선 항구의 거리로

설현이 신랑이
이쁘게 운전하는 차가

붉은 벽돌집
처마 밑으로

숨박꼭질 하듯
숨어들고 있었다.

그림 전람회

– 보스톤에서 프리머스 가는 길

우리는
자동차를 타고
그림 전람회에 갔다.

화가는
보이지 않았다.

그는 밤 새
작업을 끝내고
쉬러가고 없었다.

동승(童僧)이
깨끗이 쓸어놓은

아직
빗자리 자국 생생한
절의 앞마당

가도 가도 화가의
캔버스는 끝이 없고

무진장의 새 꽃을
하늘은
마술처럼
피워내고 있었다.

그 날 우리는 새가 되었다

– '사랑의 만남' 제 1기생들을 추상하며

1.

그 날
우리는
새가 되었다

정들었으나
때묻고
무거운 신발을 벗어놓고

우리는
그 날
새가 되었다

우리는
빈 손 이었고

들에 핀 백합화였다.

2.

그 날
우리는
새가 되었다

형이 입던
헐렁한
교복을 벗고

우리는
그 날
새가 되었다

맑은 피아노 소리
울리고

환한
전등불 켜진
그 집 앞에서

우리는
겨울마다
선물을 받고 싶었다.

우리는
흰 눈 일곱 개를

꼬깃꼬깃 뭉쳐

불쌍한 누이에게
선물로 주었다.

3.

그 날
우리는
새가 되었다

구겨진
꿈과 욕망

숨막히게 많은
죄와 아픔을

우리는 모두
오래 오래
백지 위에 적었다

시간은 정적 속에
갇혀 있었고

우리는
영원 속에 있었다

우리는
까맣게 된 백지들을
모두 십자가에 걸고
골고다 언덕으로 갔다

언덕은 몹시 추웠고
우리는 몸을
덜덜 떨었다

우리는 로마병정들이 피운
모닥불 위에
우리의 죄가 적힌
종이들을 태웠다

십자가가
우리의 증인이었고

우리는
눈물을 감추며 울었다

눈물은
강이 되고

강물은
모든 것을 싣고 갔다.

4.

이제 강물은
마르지 않을 것이었다

그 날 새벽 우리는
천사들의 노래를 들었다

우리는
그 날 새가 되었다.

—— 1996년 12월 피츠버그 한인 중앙교회
남전도회 영성 수련회를 마치고

실내악

연주자가
신이 나서 하면
난해한 음악도
성큼
친구처럼 다가온다.

그런 연주자들을 보고 있으면
온 세상의 빛이

쉬임없이 변용하며 뛰노는
현악기의 활을 따라

전에는 본 적이 없는
잔치를 벌리는 듯하다.

단테가 빼아트리체를 만나
천국에 들어갔을 때

멀리서 본 신도
천사들도
온통 찬란한 빛의 무리로

음악의 선율 따라

하늘에 둥근 원을
그리고 있었다.

사랑

일수(日收)돈 걱정 속에
안스런 내 아내여

이승의 적은 행복
그 속에 잃어질라

구겨진 사랑이언정
손 더듬어 만져본다.

설움

이산된 가족 찾아
온 나라 울먹이어

이 땅에 맺힌 한이
하늘에 충천한데

이 소리 이 설움으로도
삼팔선을 못 넘는다.

4.
눈 내린 아침 숲가에 서서

1976년

1976년
추석의 기억 속을
한 마리의 나비가
천천히
날개를 치며 맴 돈다

비 내린 뒤
전원 한 구석에서
퇴색한 들장미가 피곤한 듯
몸을 흔든다

흔들리는 줄기 사이에
눈 뜬
내 청춘이 눕는다

감당할 수 없는 허공 속에
여인의 옷자락 같은
일엽형(一葉形)
노랑 꽃잎이

나를 보고
수줍은 듯 돌아선다.

무제 (1)

미루나무 이파리

마녀에 잡혀 미동도 않고

소년이던 바다

갯벌에 쓰러진다

광채 없이 해는

하늘을 서성대리라

바람은 끝없는 동굴에 갇혀

목이 메이고

손 흔들던 갈대들 부러져

강변에 쌓이는

미망

그 녀의 미소가 열어주는
문틈으로 들어와

그 녀 부르다
내 목숨 노래되어

때로는 보이는 듯
때로는 잃어버린

무엇일까

문틈으로
내가 본 것은.

혁명

혁명은 사랑이다
잡힐 듯 잡히지 않는.

마침내
혁명은 끝이고
그것은 상처.

계곡 타고
트인 곳을 향하여
질주해 오는 바람이여

바다를 향한 그리움으로
외진 협곡을 빠져나온
수줍은 눈물 같은 것이여

그 간절함과
그 그리움으로
영원히
골짜기를 씻어다오

광야에 나간 바람으로

바다에 나간 시냇물로
다시 돌아온
형과 누이는 없느니

그 그리움의 뒷 소식을
아는 이 있거든

단 한 소절이라도
휘파람으로 불어다오
잊히지 않을
마법의 휘파람으로.

무제 (2)

이파리들 떼로 모여
나를 향해
손을 흔들고 있었다.

닿을 수 없는 거리

추녀의 빗방울
강물 되어
아슬하게
나의 내안(內岸)을 스쳐갔다.

어디선가
외치고
부딪치고
붉은 피되어

바람 되어 떨며
스쳐간 자리

지키고 싶던 것
잃은 자리.

산사(山寺)

그 곳은
산이 모아 온 정적들이
까만 지붕 아래
마지막 모이는 곳이다.

아니 그 곳은
몰래 쌓인 정적이
귀먹은 종소리에 놀라
도망치는 곳이다.

그 곳은
북소리가
정적의 입을
열게 하는 곳이다.

산사
그 곳은
사미니의 한숨 소리가
야속하게
정적을 깨트리는 곳이다.

풍경 (1)

일천구백구십오년
일월이십일일

어두운 구름 날이었다.
나무 가지들이 얽혀
저녁 내
싸우고 있었다.

일천구백구십오년
일월이십이일

비가 왔다.
나무들은 얼굴 씻긴 아이처럼
후련하였다.
계곡의 물들은 식구가 불어
시끄러웠다.

일천구백구십오년
일월이십삼일

하늘 열리고

바람 불었다.
흰 머리 날리며
구름들 쫓기어 도망갔다.

일천구백구십오년
일월이십사일

종무원 앞 대나무 숲에
고양이처럼
눈이 왔다.
천 년 묵은 백학(白鶴)이
속옷을
갈아입나 보다.

햇님

말이 없을 때 당신은
옛 정승
고집쟁이 우리 할아버지

아침
동쪽 끝에서
태양이 번쩍 손을 들 때
당신은
막 목욕 끝낸
우리 누님

여름 먼 하늘 끝에서
당신은
우리를 끌어 올린다
넘어지고 깨어져도 아프지 않은
당신의 높이

가을에 당신은 시집간다
연지 곤지
색동옷 입고
온 사람 속 다 상해 놓고

겨울에 당신은 숨는다
그늘 속에 드러나지 않는
당신 집 소슬 대문
불러도 불러도 대답 없는,
펑펑 눈 오신 날 떠나버린
그대 뒷모습

까치

까치의 울음이
한(恨)인 것을
아무도 모른다.

왜 그렇게
높은 가지에
집을 짓는지
아무도 모른다.

저녁의 논두렁과
초가집 담장 위에서
그가 무엇을 듣는지
누가 알까.

튜립과 쌍둥이 엄마

쌍둥이를 배 속에 태우고도
한 사람 값으로만
비행기를 타고 오는
젊은 박사의 아내를 위하여
아직 봉오리 진 튜립을 산다.

이른 아침마다
수줍게 모여
여린 바람을 싸고
수줍게 수군거리더니

얼레
쌍둥이 엄마 온 날
문 열어 젖히고
나왔네
꽃술 나왔네.

밤이면
신 포도주에 담가
생생히
다시 피라고

배 속의 아기 입술에
꽂아 둔다.

학(鶴)이 되어

그저 차라리
한 마리
고고한 학이 되어
조금은 어두운 숲 속
그 가장 곱게 늙은 나무 위에
눈물 없는
작은 둥지를 짓고 싶다.

다행이 바다가 은총을 내려
모두들 떠나버린 밤
부끄러운 물결에
예쁜 짝을 보내주면
오직 그녀에게만
둥지를 지키게 하고
나는 과묵하고 부지런한
수컷이 되어

그녀가 좋아하는 먹이
갯내 나는
수만의 조개를 찾아
온 종일 해안을 날고 싶다.

독수리도 여우도 나는 모르고
이솝의 우화도 나는 몰라라.

다만 그녀를 위해
비를 가릴 날개로 만족하고
몸을 쓸어주는 긴 부리로 기뻐하고
침입을 지키는 한 눈과
그녀를 위로하는
또 한 눈으로 사랑하면서

고고의 나무
상승의 가지에서
하늘을 날아
맑은 울음으로 숲을 깨우는

차라리
긴 목의 학(鶴) 이고 싶다.

바다

– 모세의 탄생

바다가
가장 힘센 사내인 것을
이제 알겠다.

바다가 해를 불끈 들어올려
세상 밖
크고 큰 우주로
밀어 올리는 것을
문득 보았을 때
바다는 억센
사랑이었다.

그것은 잉태한 어미처럼 밀려와
해안에 얼굴 흰 아이들을
낳아놓고
모세의 누이처럼 슬며시
갈대 아래 숨는다.

겨울이 온다

휘 휘
메마른
휘파람을 불면서

죽은
연탄재들을
거리에 날리면서

어둑한
하수구 속으로
마귀들이 쫓겨 갈 때 쯤

가늘한
목덜미를 감추고

하얀
속 것을
온 하늘에 날리면서

겨울이
온다.

눈 (1)

덩치 큰 눈송이들이
작디작은
어린 눈송이들을 제치고
돌진하듯
맨 땅을 향해 내닫는다.
하지만
땅에 닿으면 금방 순해져서
충돌은커녕
소리도 없이 엎드려 버린다.

싱거운 개구쟁이들.

그래도 작은 눈송이들은
품위 있게 살포시
엎어진 개구쟁이들 위에
모른 척
새촘하게 내려 앉는다.

눈 (2)

1.

눈은
성긴 사랑을 채워주는
속살이다

가까운 듯 떨어져 있는
가지 사이를 채우고 채워

나무와 나무 사이 빈 터를
후 후 노래하며
어느 새 덮어

2.

헐벗은 사람들은
눈 오는 날
뽀짝 또 뽀짝
몸을 붙여 온기를 만들고

마음이 멀어진 사람들은

엽서로
핸드폰으로

그도 아니면

마음속에 쌓이는
하염없는 사연으로

눈 내리는 시간
하얀 우주정거장에서

속살 깊은
사람을 만나
결혼식을 올릴 것이다

그 날
우주정거장은 비로소
인간의 땅이 되고

우리는 처음
우주를 정복할 것이다.

천둥

고장 나서
잘 안 열리는
낡은 창고 문을
신이 억지로
여는 소리

여름풍경

잠자리 떴다

토란 잎 너풀

껀정한 대나무 숲
소처럼 건둥거린다

옥수수
손을 들고
춤추는 시늉하다

새소리에 놀라
훌쩍 빙글 도는구나.

구름 (1)

구름은
오래 깨이지 않는
거대한 꿈 이었다
아무도 모르는 사이 그것은
산 높이로 자라고
또 그것을 넘어 버린다.

때로는
제 그늘에 가리운
절벽에 놀라
추락하기도 하고
때로는
낯선 바람에 잡혀
이국땅으로 끌려간다.

구름 (2)

나는 구름의 옆구리를
자세히 보았다
코끼리 보다 더 크고
훤칠한.

그것은 하늘을 향해
갈비뼈를 길게 늘여 빼어
파란 내장을
다 드러내 놓았는데도

늠름하고
아름다웠다.

정원

두 해 전
아파트 정원에
여러 그루의 소나무 모종을
정성껏 심었다.

생긴 모양이 모두
비슷해 보였는데
지금 그들은
같은 나무가 아니다.

어느 놈은
몸통 아래서
왼쪽 가지가 불쑥
솟아나 있고

어느 놈은
중간쯤에서
오른 쪽 가지가
느슨하게 뻗어 나와 있다.

어느 녀석은

위로 힘이 솟고
어느 녀석은
옆구리에 힘이 들어 있다.

이 각기 다른 모양으로
그들은 이제 고칠 수 없이
제 기운의 향방에 따라
다른 나무와 다른
제 모습을 만들어 갈 것이다.

놀라운 것은
그 각기 다른 제 모습들이
모여 이룬 정원이
아름답다는 것이다.

그 녀석들 중
어느 하나라도
지금과 다른 모습을 했더라면
정원은 지금처럼
아름답지는 않았으리라.

제 성미대로 자란
나무들을 다스려
아름다이 만드는
손의 임자여!

그대 앞에

손을 모아
그저 눈 감을 뿐.

오늘 해는
찬란하게 떠오르고

저녁노을
웅얼거리며

익은 벼의 머리 위에서
바람과
장난을 치고 있다.

남양주 한강

그 날
태양은

산 너머
뒷동네에 불을 지르고

꼴깍
숨이 넘어 갔는 데

막무가내로 우리 동네를
뚫고 흐르는 강물은

술 취한 농부처럼 불콰하게
기분이 좋아

몇 마리 집 없는 물오리랑
신나게 물장구 치며

저녁 내 하늘을
밝히고 있었네.

달님

그대
산 넘고 물 건너
왔구나

그대
날 보러
겹겹 산 계곡을
손을 더듬어
멀리도 왔구나

얼마나
급하고 바빴으면
제 몸 벗은 줄 모르고
추운 것 다 잊고

새벽 혹시
얼핏
한기 들거든

외로운 나의
내실로 오라

목화밭 구름
한 자락 걷어

살포시 덮어 주마.

무궁화

시골 담장 곁이나
초등학교 울타리에
껑충 서 있는

만만치 않은
모범생으로만
기억하고 있었는데,

여름
엷은 안개 낀
춘천 만천리
개울가에서
그것은

원색의 후광 속에
본적도 없는
하얀 자켓을 걸치고

연하디 연한
노란 립스틱을 칠한 입술을
예쁘게 내밀고 섰는,

처음
무대에 설
준비를 막 마친

남미(南美)의
무희(舞姬) 같았다.

옥수수 밭

폭우와 바람에
쓰러질라

총각 주인이
얼기설기 묶어

수많은
모듬으로 세워놓은
옥수수들은,

강원도의 넓은
옥수수 밭에서는

말만하고
싱싱한

처녀 아이들의
힘센 머리카락을

뒤로 아무렇게나
고무줄로 매어 놓은 것처럼

씩씩하고
아름다웠다.

눈 내린 아침 숲가에 서서

삼월(三月) 아침

숲은
자신이 이렇게
아름다울 수 있다는데
놀랐을 것이다.

새 움이 트기 전
아직
매말라 쓸쓸햇던 숲은

한껏 멋을 낸
백설(白雪)로
마지막
외로움을 벗어버렸다.

고목(古木) 위에 앉은
흰 눈은
어찌 그리
자연스러운가!

그래서 노년(老年)은
고결한 생각과 몸짓으로 춤출 때
가장
아름답다.

어린 가지는
제 몸의 서 너 배 부피의
눈을 이고도

몸이 가볍다.

제 몸을 가누기에
적당한 만큼을
어찌 그리 잘 가늠 하는지

가녀린 바람과 동무하듯
가벼이
몸을 흔들고 있다.

진달래

여린 입술로
활짝 피어

아직
쌀쌀한 이른 봄 날

마음의 친구
되어 주던

진달래여

며칠
가보지 못한 새

너
초췌한 슬픔 되어

서걱이는 풀섶에
누워 있구나.

긴 세월의 삶에

한 순간이라도
너처럼
아름다운 적이 있었는지
뒤돌아보며

마른 참나무 이파리로
너의 주검을 덮고

말 없이
돌아 선다.

하늘 강 흐르는 날

하늘 강 흐르는 날
떠날거예요

실개천과 샛강 사이
연(鳶)과 꿈 사이의
풀리지 않는 매듭

마른 나무에 꽃은 피었으나.

숲처럼 쉴 수도
흉계처럼 싸맬 수도 없었어요
정복되지 않는 겨울이었죠
수억년 숨은 적설(積雪)

다리 위를 지나가는
헐벗은 버스의 바튼 기침소리.

하늘 강 흐르는 날
떠날거예요

오백년 슬픔을 가려 준

삿갓 위에서
까치가 울 날은 언제인가요

한 겨울의 눈을 모두 먹고
바리공주나 기다리나요?

귀양 간 임금이고 싶어요
낡은 곤룡포로라도
백성의 겨울은 따뜻 하겠죠

그때 쯤이면
강태공들이 돌아간 자리의 온기가
강을 돌고
하늘을 낳아

강가 움막에 살았던 이야기들 날아가
새가 되어
노래할까요?

풍경 (2)

우리는 그 날
낯모르는 바다와 눈이 맞아
진한 파티를 열었다.

앞마당에
여객선을 띄우고
긴 항해를 음미하면서
오래
이야기의 잔을 나누었다.

일몰은 그 날
우리의 늦은 손님 이었다.

각성

사월은 없다
목숨 같은 내 아들
흰 뼈 되어
바다 밑을 뒹굴고

겨울에 거리로 내몰린
젊은 애비들 슬픔
한 되어
사월 폭설로 내린다.

그러나

보이지 않던 개나리
진달래 꽃
사월은 있다는 듯
밝게 피고

너무 아름다이 피어
가엾은 벚꽃,
슬픔 잊으라고
땅으로 지며 손을 흔든다.

그래

하늘은 척박한 땅과
기름진 땅에 두루
비를 내리시고

가뭄 해 과일은
더욱 달다.

가을

가을은 처음
작은 이파리를 간질이면서
저녁의 어린 풀잎 사이를 빠져나와
이끼 낀 바위 사이
외진 샘 속에 숨었다가, 갑자기
우우 몰려나와
숲을 흔든다.

새벽엔 설익은 열매 위에
물 머금은 입술로 입을 맞추고
풋풋한 얼굴들을 붉혀 놓는다.

가을은 마지막
헐벗은 감나무 높은 가지 끝에 걸린다
하나만 남은 붉은 감위에 외로이 매달려
온 밤의 침묵을 홀로 삼키고 섰다.

바다

바다는
오랜 서재에 걸린
작은 그림이면서
세계를 방황하는 영혼들의
커다란 눈망울

바다 그것은
소리 없이 흐르는 기억이면서
하늘의 불이 되어 전사해 간
겁 없는
병사들의 아우성

바다 그것은
범선들을 흔들어 잠재우면서
사랑에 아픈 가슴들을
온 밤 내 뒤척이게 하는
어두운 장미

바다 그것은
너무 많은 것을 알고 있으면서
하늘의 뜻에 순종하는

가엾은 것들의 울음
가엾은 얼굴

바다 그것은
외진 섬들을 싸고 감돌면서
떠나라
떠나라고 소리 지른다

온 몸의 둘레에서.

■ 평설 시(詩)가 그에게로 왔다

시(詩)가 그에게로 왔다

- 이준학 시집 『역행』의 아름다운 도전에 대하여

최 재 선

문학평론가,
한국산업기술대학교
지식융합학부 교수

시를 보았다는 은자들의 묵언이
소문으로 돌고 있었다.

그리고
그것을 전한 것은 바람이었다.

- 「꿈(2)」 중에서 -

어느 날 문득 그 분이 시를 보내왔다. 한 번 읽어보라고. 긴 세월 동안 갈무리 해 온 시편들이 두툼한 양감으로 다가왔다. 생의 굽이굽이 과정을 지나며 번개처럼 찾아 온 그 어떤 순간들이 오롯이 담겨 있었다. 외피를 벗기면 지상에서 볼 수 없는 진주 빛, 연자줏빛 여린 알갱이를 드러내는 날 것 그대로의 옥수수 알처럼 시인이 엮은 시편들은 하나하나 고유의 빛으로 자신만의 시의 영지를 이루고 있었다. 시인은 불행하기 때문에 시를 쓴다고 했던가. 시를 쓸 수밖에 없었던 시인의 고독과 만나게 된다.

그 분에게 있어 시란 칠십 생애를 살아오는 동안 겪었을 시대적 아픔의 흔적이거나 개인의 결곡한 의식과 넘치는 서정이 찾아가는 비밀의 화원 같은 것이기도 하며, 혹은 우화 속 이발사가 찾은 대나무 숲 같은 것이었을지 모른다. 그랬기에 '낡은 처마 끝의 눈 물 보듯이' 시를 쓰거나 '꽁초 아끼듯' 귀하게 시를 썼을 것이다 (「시(詩)」 중에서). 시를 쓰지 않고는 견딜 수 없는 순간을 살면서 시인은 불행했을 것이며, 또한 행복했을 것이다.

문학하는 이들에게는 어느 정도의 시심(詩心)이 있다. 그러나 모두 시인이 될 수 없기에 시인에 대한 시샘과 부러움도 표출된다. 시의 영감이 그대로 한 편의 시로 창작되기 위해서는 어떤 정서의 기미를 포착하여 언어로 형상화하는 열정과 수고가 필요하다. 시인이 되기 위해서는 부단한 자기 연마의 과정이 있어야 한다. 산문의 영역과 다른 시 장르 고유의 미학적 형식을 몸으로 익히는 습작의 기간도 필요할 것이다. 그런 후에 불현듯 시의 리듬이 마음을 휘돌아 머리에서 손끝으로 움직이는 찰나에 한 편 시가 탄생하는 것일지도 모른다. 하여 시 읽기는 쉬워도 시를 쓰는 일은 쉽지 않을 것이며, 오래도록 가슴 속에 남게 되는 절창은 만나기 어려운지도 모른다.

그러나 그 시작(詩作)의 과정, 시를 창작하는 시인의 모습을 상상해보자. 오래된 기억의 저장고를 열고 그 속에 고이 담아둔 어떤 삶의 순간을 추상하여 살아있는 현재의 몸으로 빚어내는 일이란 얼마나 치열한 과정일까. 나는 게으른 시인을 본 적이 없다. 참시인은 자신을 괴롭힐 정도로 깨어있는 삶을 살고자 한다.

이준학 시인의 첫 시집 『역행』은 영문학자로서 올곧게 자신의 삶을 살아왔던 저자의 모습 너머 사람 사이 인연을 소중히 하며, 가족을 사랑하고, 세상의 풍경에 마음을 담아 사물을 통해서도 지혜를 얻는 격물치지(格物致知)의 정신과 더불어 자연 그대로를 관조하는 깊은 시안(詩眼)을 보여주고 있다.

그 날
뒷산의 큰 소나무 가지는

눈의 무게에 겨워
우지끈
가지가 부러졌다.

언젠가 나도
한 번 쯤

내 영혼에 실린
사랑의 무게로

팔이 뚝
부러져 봤음 좋겠다.

-「눈 오는 날」 전문 -

눈의 무게에 소나무 가지가 부러지듯 영혼에 실린 사랑의 무게로 팔이 부러졌으면 좋겠다는 시적 화자의 천진하고 청량한 마음이 잘 드러난다. '영혼에 실린 사랑의 무게'란 누군가를 사랑하기에 감내해야 하는 수고의 무게일수도 있고 누군가로부터 받은 사랑으로 인해 빚진 마음의 상태일수도 있을 것이다. 어찌 되었건 사랑하고 사랑받는 인생 최대의 일로 인해 고통 받는 것조차 희구하는 시인의 마음이 눈 오는 날의 심상에 잇대어 비유적으로 표현된다. 한낱 자연 현상을 통해 인간사의 일들을 돌아보는 시인의 예지가 빛난다. 참으로 겨우내 견뎌온 강인한 소나무 가지를 넘어지게 하는 것은 혹한(酷寒)도, 비바람도 아닌 부드러움의 힘이라는 것을 깨닫게 된다. 영혼을 감싸주는 부드러움의 힘이야말로 우리가 배워야 할 덕목임을 시인은 말하고 있다.

모두를 도시로, 도시로만 향하는, 너무 바쁜 이 경쟁의 시대에, 거꾸로 시골로 가는 버스를 타고 싶게 만드는 시편도 있다.

가끔은
시골 버스를 타는 것도 좋다.

두메산골에도
어찌어찌
돌아 오르는 길이 있다는 것을 알기 위해서도
완행의 어느 구석 마지막 자리에
몸을 맡기는 것도 좋다.

우리는 항상
가장 높이 나는 새를 몰래 부르며
만발한 꽃에만
사랑을 바치기로 하였다.

우리는 항상
가득 찬 그릇만을 간구하여
더 값진 것을 위하여
그릇을 비워두지 아니하였다.

가끔은 꿈도
잠을 재우는 것이 좋다.

바다가 텅 빈 해안을 향하여
서늘한 한숨을 내쉴 때 쯤
말없이 숲은
찬란한 옷을 벗는다.

가지들이 측은해서가 아니다.

－「역행」 전문 －

이 시집의 표제작인 「역행」이다. 빛의 속도로 세상이 변한다는 탄성이 들여오는 시대 속에서 홀로 탈속(脫俗)과 탈주(脫走)를 감행하는 것은 어렵다. 모두들 한 방향으로 가고 있지만 그 결국을 알지도 못하고 그저 타인의 뒷모습만 쫓기에도 숨 가쁜 세상 속에서 시인은 '역행'의 묘미를 말한다. 우리의 시선이 높은 곳으로 향하고, 많은 것을 탐하며, 화려한 꿈을 좇느라 마음이 곤고할 때, 시인은 '가끔은 꿈도 잠을 재우는 것이 좋다' 고 속삭인다. 삶을 무겁게 하는 꿈, 이루지 못할 꿈으로 인해 억눌렸던 마음을 비우고 타인의 욕망으로 남루해진 헛된 욕심을 버릴 때, 그 때 비로소 다시 채워지는 것들이 있다는 순리를 말하고 있다. 시를 통해 진정 우리가 인생에서 구해야할 소중한 덕목이 무엇인지 성찰하게 되고, 시를 통해 잊고 있던 그리운 것들을 향한 아주 느린 순례를 시작하게 된다. 시가 주는 축복이다. 자연의 이치에 따라 은성한 숲이 옷을 벗는 이유는 다시 올 생명을 위한 버림인 것이다. 시인은 우리에게 가던 길을 돌아보는 '역행'의 의미를 깨닫게 한다.

벼락처럼 다가오는 시는 어떤가.

마음이나 영혼이
제 빛을 찾으려면

세상에 밟히고 찢기고
두들겨 맞은 뒤

수억 년 묵은
햇살이나 빛살에

벼락 맞듯
씻겨야 한다.

-「제 빛을 찾으려면」 중에서 -

영혼의 빛을 찾기 위해서는 교만한 마음이 낮아지고, 세상의 풍파와 고통으로 단련이 되어야 한다는 잠언이다. 생의 연륜이 묻어나는 시인의 낮은 목소리가 너무도 쩌렁쩌렁 울려와 시를 읽다 놀란다. 신이 우리를 빚으신 원형의 모습, 그 아름다움을 회복하기 위해 우리에게 필요한 것은 시련으로 빚어진 겸손한 자아가 아닐까.

그러나 시인은 삶에 필요한 지혜만을 이야기하지 않는다. 시인의 마음을 울리는 서정. 결국 시인으로 하여금 시를 쓰게 하는 것은 아무래도 지워지지 않는 '그리움'이 아닐까.

고백하지 못했을 때
사랑은 가장 순결하고

영원히 살 수 없으므로
이승은 매일
사무치는 그리움이다.

-「그리움 (2)」 전문 -

그리움이 있다는 것은, 그리워할 대상과 추억과 기다림이 있다는 것은, 정신이 살아있다는 증거이다, 아주 푸른 생명으로. 매일의 삶을 '사무치는 그리움'으로 살아가는 시인이 우리의 이웃이라는 사실이, 또한 그 분의 삶이 우리에게 잔잔한 기쁨이 된다는 것이 참으로 놀랍다. 나이가 들수록 아름다워지는 시인의 모습과 그가 빚은 시편(詩篇)들을 오래도록 만날 수 있는 행운이 우리에게 있길 기원해 본다.

■ **편 지** 반가움

아픔과 회한을 품은 달관(達觀)

시를 쓰는 마음이 부럽다

詩人 기질 드러내 드디어 詩集내는 英詩 비평가

시처럼 바람처럼

반가움

이 창 윤

재미 시인,
미시간 주립대학
의과대학 은퇴교수

호숫가에 넓은 정원이 딸린 미시간주의 집을 정리하고 샌디아고 서버브에 위치한 조촐한 랜치집으로 옮겨와서 이삿짐의 도착을 기다리고 있을 무렵 반가운 이메일을 받았다. 60년대 동해안에 위치한 공군 레이다 기지의 의무실을 함께 지켰던 이준학 교수가 나이 칠십에 들어서서 시집 〈역행〉을 출판한다는 소식. 1 년간 그 열정의 시절을 함께 보내고, 반세기 전에 헤어졌든 그를 이제 시의 동호인으로 다시 만나게 된 것이 어찌 반갑지 않겠는가.

이 세상에서 오직 한국만이 시의 전성기를 이루고 있다. 그런데 기현상은 시인들은 많은데 독자가 드물다고 한다. 이 디지털 시대에 시가 차지하는 예술 영역이나 영향이 위축된 것은 틀림없는 사실이다. 그러나 시인들은 시를 쓰면서 자신을 치유하고 위로 받으며 메말라가는 시대에 가슴 한 자락이 촉촉하게 젖어 있음을 느낄 수 있지 않는가.

그의 시에는 독자를 피로하게 하는 수다가 없다. 산뜻한 서정과 언어의 감칠맛이 있어서 시를 읽는 즐거움을 돌려주는 것이다. 나는 다만 시의 한 동호인으로서, 이 시는 이러하고 저 시는 저러하다는 평은 그런 이야기의 전문가인 문학평론가에게 맡기려 한다.

다시 60년대 그와 함께 했던 그 열정의 시절로 〈역행〉하면, 포항 앞바다의 물결 소리가 들리고 동해의 수평선이 멀리 내다보이는 것이다. 의학수련을 받으러 도미한다는 친구가 시나 읽고 쓰고 있었으니 이교수의 눈에는 좀 엉뚱한 군의관으로 보였을 것이다. 환자치료와 의학연구 그리고 의학교육에 열중하던 20 여 년 동안은 시를 쓰지 못했다. 그러나 시적 상상력과 시를 쓰던 버릇이 의학연구에 도움이 되었다는 것을 여기에 말해두고 싶다. 특히 지금도 어디서나 가장 많이 사용되고 있는 태아건강진단 테스트, fetal activity test, Nonstress test의 발판이 되는 논문을 쓸 때 특히 그러했다.

이준학 교수가 영문학을 전공하고 문학과 종교의 관계에 깊은 탐구가 있었는 것도 알게 되었다. 되풀이하지만 시의 동호인으로 다시 만나게 된 것이 무척 기쁘다. 그의 시집 〈역행〉의 출판을 진심으로 축하드리고 제2 시집의 출판을 기대하며 멀리서 성원을 보낸다.

아픔과 회한을 품은 달관(達觀)

– 이준학 교수의 시집 『역행(逆行)』을 읽고

금 장 태

서울대학교
종교학과 명예교수

나는 노래를 못하는 '음치'(音癡)일 뿐만 아니라 시를 모르는 '시치'(詩癡)이다. 그러니 평생 우리 말로 읊은 시에 대해 한마디라도 입을 떼어 볼 엄두를 내어 보았던 일이 없다. 그런데 이준학 교수가 전자메일로 보내준 자작 시집 『역행』을 프린트해 들고 며칠을 열심히 읽었다. 시집을 통독해본 것도 난생 처음이다. 여전히 나에게 시는 알아듣기 어려운 아득히 먼 다른 세계의 언어임을 다시 확인할 수 있었을 뿐이다.

그래도 이렇게 열심히 읽었던 까닭은 내가 시를 모르지만 시에 대해 한없는 존경심을 항상 간직하고 있기 때문이요, 더 직접적 이유는 20대 후반 청년시절 충청도 서산 바닷가의 공군부대에서 함께 군복무하며 사귀었던 옛 친우에 대한 우정 때문이다. 그와 함께 서산에서 근무하던 기간은 한 햇 동안으로 짧았지만 서로 마음을 열고 깊이 사귀었다. 그러나 이제 70대 초반이 되었는데, 지난 40여 년간 우리는 한 번도 만나지 못했다. 처음에는 서로 사는데 바빴으니 찾을 겨를이 없었고, 노년이 가까워져서 이교수가 가끔 연락을 해왔지만, 그 때는 내가 건강이 나빠진 이후라 세상과 끊고 숨어 살았으니, 만나기를 피했다. 이제 떠날 때가 멀지 않았으니, 더 늦기 전에 올 가을에는 춘천으로 이교수를 한 번 찾아가 그동안 쌓였던 회포를 풀어보고 싶다. 만나는 날에 그의 시를 읽었던 나의 어설픈 소감을 전하기 위해 느낌을 몇 줄 적어본다.

이교수는 시집 『역행』의 서사(序詞)에서 "어쩌면 내 생애에서 가장 티 없는 느낌의 순간들이 여기 모여 있을 것이다."라 하였으니, 가장 순수하고 정직한 그의 느낌이 응결되어 있음을 알겠다. 공자도 『시경』의 시 300편에 대해 "한 마디로 덮어서 말하면 생각에 사특함이 없는 것이다."(詩三百, 一言以蔽之, 曰思無邪.〈『논어』 2-2〉)라 하였으니, 진실하지 않으면 어찌 시라 할 수 있겠는가? 나는 이교수의 시를 읽으면서 지금은 곱게 늙은 노안(老顏)이겠지만, 그 노안의 그늘에 아직도 그대로 남아 있을 젊은 날 그의 형형한 눈빛을 찾아 더듬어 갔다.

이 시집의 표제로 선택된 시 「역행」(逆行)을 찾아 가장 먼저 읽으면서, 세월의 때가 묻지 않은 순수한 모습을 보고 무척 반가웠다. "가끔씩 시골 버스를 타는 것도 좋다./… 완행의 어느 구석 마지막 자리에 몸을 맡기는 것도 좋다." 그래서 나는 그의 '역행' 곧 거슬러 올라가는 길이란, 방향도 없이 앞만 보고 질주하는 대열에서 벗어나 한가롭게 뒤를 돌아보고 젊은 날로 돌아가는 귀향길이요, 추억이 넘실거리는 아늑한 들길이라 짐작해본다. 그의 '역행'은 추억으로 그리움이 살아나는 길이라, 그 발걸음이 즐거울 것이다. 또한 "우리는 항상/ 가득 찬 그릇만을 간구하여/ 더 값진 것을 위하여/ 그릇을 비워두지 아니하였다."〈「역행」〉고 일깨워주며 돌아보는 시선은, 욕심에 사로잡히기를 거부하면서 비움의 소중함을 깨달은 길이라, 그 발걸음도 가벼울 것이다. 세상의 도도한 흐름은 앞으로 치달리며 뒤돌아 볼 줄 모르고, 채우려고만 들어 비워둘 줄 모른다. 그러나 세상의 흐름에 거슬러 가는 시인의 영혼은 추억과 그리움이 출렁이는 바다를 찾아 뒤를 향해 고개를 돌리고, 짓누르는 욕심의 멍에를 벗어나 가볍게 하늘로 날아오르며 위를 향해 고개를 들고 있다.

그의 시가 나의 어두운 눈에 가장 뚜렷하게 떠오르는 심상(心象)은

인생을 달관(達觀)하는 고요함과 평온함이었다. “사는 것은/ 냄새에 익숙해지는 일이다.”〈「사는 것은」〉 부딪치고 깨지는 투쟁이 아니라, 받아들이고 따르는 순응의 눈빛으로 인생을 내다본다. “정적은/ 쓸쓸하지만/ 흔들리지 않는 모습으로/ 우주를 건너가고 있었고/ 그것을 보는 동안/ 외로움은 견딜만 하였다.”〈「정적」〉 달관한 영혼은 평정(平靜)을 얻었으니, 비록 외롭고 쓸쓸하더라도 지그시 누르고 흔들림 없이 견뎌내는 뚝심이 느껴진다. 그의 달관의 삶은 외로운 길이겠지만 고독하기만 한 것은 아니다. 세상과 단절되더라도 지극히 높은 궁극존재를 마주하고 그 속에 자신을 맡기고 있는 것이 아닐까? “당신과의 만남으로/ 모든 것이 족하다/ 다른 곳은/ 보지 않겠다/…이 둥지에 넘치는/ 햇빛만으로/ 내 곡식은/ 익을 것이다.”〈「결단」〉 궁극존재에게 자신을 맡김으로써 충족을 얻고 그 빛 속에서 구원을 얻은 것으로 보인다.

달관은 평온하고 스스로 충족됨을 누리겠지만, 그것은 영혼의 내면 깊은 속에 감추어진 빛이다. 그러니 달관하였다고 단조롭고 쓸쓸하고 고요함 속에 빠져 있는 것은 아니다. 바다의 깊은 바닥은 고요해도 수면이야 끝없이 파도치고, 낮이면 햇살이 밤이면 달빛이 물결과 놀고 있을 것이다. 철따라 피는 꽃과 물드는 숲과 하얗게 내리는 눈이나 하늘과 바다의 자연을 관조하면서 그 달관에 빛깔이 스며들고, 외로움과 슬픔과 아픔과 회한이 그 달관에 곱게 수를 놓고 있는 것이라 생각된다. “낡은 처마 끝의/ 눈 물 보듯이/ 시를 쓴다/…상체기의 핏자국/ 그 아픔에 흰 가제 대듯/ 시를 쓴다/ 서툰 원정(園丁)이 되어/ 얼마나 많은 백합을 나는/ 시들게 하였나.”〈「시」〉 그래서 달관한 인생이라 아름답기만 한 것이 아니라, 달관한 인생에 외롭고 슬프고 아프고 후회스러움이 생생하게 살아 있기에 가슴 저리게 감동적이라는 것을 비로소 알겠다. 나로서는 그의 시를 읽으면서 무엇보다 그의 인간적 모습과 품격을 다시 만나고 새롭게 발견할 수 있어서 반갑고 고마웠다.

시를 쓰는 마음이 부럽다

김 재 승

전남대학교
중문학과 명예교수

첫 시집 『역행(逆行)』의 출판을 축하한다.

두툼한 「시집」의 초고를 받았을 때는 언제 이걸 다 읽고 '두고 두고 따뜻함을 느낄' 글을 쓸 수 있을까, 걱정이 되었다. 그러나 솥 안에 든 음식을 다 먹어야 맛을 아는 것은 아니다. 한 점만으로도 충분하다. 이준학 교수가 보낸 원고에는 열 여덟자로 된 짧은 시(「길」)가 있는가하면 〈코리안 엘레지〉 같은 장편도 있다. 길고 짧고에 관계없이 수사의 기교를 부리는 등 자재로운 솜씨가 놀랍다. 애연가들이 "담배꽁초 아끼듯"(「시」)시를 쓰는 일을 유희로 즐길 수 있는 경지에 든 것 같아 부럽기도 했다.

시인 이준학 교수는 마음이 따뜻하다. 다정다감한 분이다. 한겨울 술자리를 갖기로 하면 따끈한 붕어빵을 한 봉지 사들고 와서 종업원들이며 참석자들의 마음과 이야기까지 훈훈하게 만들곤 했다. 사랑 안에 살면 세상은 다습다고들 말하는데 시인의 따뜻한 마음이 작품들에 숨겨져 있다.

중국문학에서 시를 이야기 할 때 자주 인용하는 말이 있다. "시인의 생각에는 사악하거나 거짓이 없다(思無邪).", "시로써 흥겨움을 노래하거나 흥취를 불러 일으킬 수 있고(可以興), 세상 사물을 이해할 수 있고(可以觀), 서로 어울려 즐길 수 있으며(可以群), 마음에 사무치는 미움이나 분노나 슬픔이나 원망을 토로하여 마음의 정화를 이룰 수 있다(可以怨).", "감탄만으로는 부족하여 노래를 부른다(嗟嘆之不足. 故詠歌之)." 이다. 시인 이준학 교수는 서문에서 "내 생애에서 가장 티 없는 느낌의 순간들을 모아 놓은 것"이라고 했고 "뜻 밖에 밀려오는 슬픔을 밀어내기 위하여 시를 썼고", "너무 아름다운 자연 앞에 저절로 입을 벌려 노래를 불렀다.", "마음 속에서 갑자기 사랑이 솟구칠 때 그 마음을 기록했다"고 했다. 영문학자인 시인의 말이 중국문학에서 인용하는 이야기와 너무도 같다. 시인들이 시를 쓰는 마음은 동서고금을 막론하고 같은가보다. 시공을 넘나드는 이준학 교수의 시를 쓰는 마음이 부럽다.

관심의 영역을 넓혀 온갖 사물에 사랑을 갖고, 삶의 순간순간을 소중히 여겨서 시로 기록하는 생활의 시화(詩化)를 실천하는 그 마음이 부럽다. 제이, 제삼의 시집이 출판되기를 기대한다.

詩人 기질 드러내 드디어 詩集내는 英詩 비평가

友江 한 상 완

詩人,
연세대학교 은퇴교수

내 그럴 줄은 오래 전부터 예감해온 터였다.

이준학 교수, 그는 80년대 초 암울한 군사독재 시절 민주 항거의 거점이었고 화약고였던 광주에서, 나와 함께 전남대에서 가르쳤다. 우리는 지성인의 이상과 현실의 괴리가 엄청났던 광풍 몰아치는 시대를 함께 호흡하면서 근근이 가르치는 인문사회대의 이웃 학과의 동료였다. 그 때 마음이 맞아 자연스레 가까워져 벌써 30수년이 지나온 벗이다. 그 때 뜻이 맞은 이들은 철학 전공의 성진기 교수, 문헌정보학 전공의 나, 영시 비평의 이준학 교수, 떠오르는 신예 서예가 一粟 오명섭, 그리고 고고인류학을 전공하는 임영진 교수 등이었다.

그 때 국향이 짙게 번지는 어느 늦은 가을 저녁, 우리는 오랜만에 만났다. 꽃집에 들러 국화 한 아름을 사서 안고 광주천변의 S 한정식 집으로 향했다. 철학자 성진기 형은 선약 파기가 어려워 부득이 불참하고, 이교수, 오명섭, 임교수와 내가 합석하였다. 우리의 화제는 쓰라린 민주화 과정의 현실 비평에서 차츰 학문과 예술, 그리고 우리의 삶은 대체

무엇을 향해 유랑하고 있는가 등 끊임없이 이어졌다. 그 시절 꽤 사랑받던 반주, 매취순과 함께. 갑론을박, 토론의 주제는 학문과 창작의 가치와 그것들의 같음과 다름으로, 격론이 벌어졌다. 학문의 연구와 예술의 창작은 문화를 이끄는 수레바퀴의 양대 축임은 분명하지만, 어느 쪽이 우선이어야 하는가 에서는 쉽게 결판이 나지 않았고 주흥과 함께 분위기는 터질 듯 무르익어 갔다.

한정식 주인이 들어와서, 이미 자정이 넘어 자기는 퇴근할 수밖에 없으니 더들 드시려면 여기 술 저장고 열쇠를 드릴 터이니 알아서 드시라고 하면서 퇴근하는 것이었다. 우리는 본의 아니게 가게를 인수한 후에도 밤이 새도록 끝없는 격론을 벌렸고 가끔은 노래도 부르고 詩도 낭송하면서 시간과 함께 유유히 흐르고 있었다. 졸음과 피곤이 엄습할 새벽 미명에야 얻은 우리의 결론은 예술 창작 행위야 말로 위대한 것이며, 그것이 시대와 문화를 선도하는 첫 번째 명제라는 데 대체로 동의한 후 긴긴 세미나(?)를 마무리하고 모두 골아 떨어졌던 기억이 새삼스럽다. 아 아름다웠던 젊음, 지성, 예향의 향기여!

그 때 강력하게 창작 행위의 우위와 문명사적 기여의 방향을 열을 올리며 주장했던 장본인이 바로 영시비평, 특히 T. S Eliot 연구의 뛰어난 학자였던 이준학 교수였다. 그 때 이미 나는 알아보았다. 그가 가르치고 연구하는 분야는 영국과 미국의 시였지만, 그의 가슴을 온 통 채워 꿈꾸고 있었던 것은 우리말 詩나 소설의 창작에 있었음을.

세월이 강물처럼 흘러, 우리는 정년이란 언덕을 넘어 자연인으로 제 나름의 삶을 살아가고 있다. 가슴이 따뜻하면서도 예지에 빛나는 이준학 교수는, 우리 모두의 예감처럼 저간에 詩도 쓰고 소설도 쓰며, 내게 그 글들의 일부를 보내오곤 하였다. 그런데 그가 詩를 그렇게 많이 썼을 줄은 전혀 몰랐다. 가을의 우수가 詩처럼 가슴을 황량하게 휘젓고 지나가는 시월도 하순에 접어든 어느 날, 그가 뜬금없이 전화하여 첫 시집을 내려하니 형님의 발문을 부탁한다고 했다. 다음과 같은 이메일과 함께.

"벌써 가을의 한 복판입니다. 이 가을처럼 우리도 아름다워야 할 텐데… 그런 생각을 합니다. 뒷부분이 쓸쓸해서 가까운 몇 분의 글을 시집의 끝에 실으려 합니다. 두고두고 읽으며 온기를 느끼고 싶어서"라고. 그리고 무려 백편이 넘는 詩를 첨부하여.

이 일은 놀라운 사건(?)이며, 동시에 전혀 놀라워 할 일이 아니라는 게 내 생각이다. 그는 30여 년 전, 우리의 광주 시대에, 아니 그의 유소년과 청년 시절에 이미 감성이 가득한 가슴을 지닌 詩人 기질을 농후히 지녔으되 단지 드러내지 않은 詩人 이었기에 그러하다. 그는 어느 날 지근의 사람들에게조차 귀띔도 없이 춘천, 봄내로 훌쩍 이사를 해서 우리를 의아하게 했었다. 그러나 물 맑고 산 높고 깊은 곳 춘천에 새 둥지를 틀고 창작에 전념하려는 뜻을 늦게야 알아차리고, 그의 아름다운 삶의 여정에 홀렸었다. 춘천에서나 서울에서 그를 만나면, 소년처럼 해맑은 눈빛을 반짝이며 詩와 문학과 종교와 사랑을 얘기한다. 잔잔하고 아름다운, 그래서 매혹적인 미소와 함께.

이왕 첫 시집 『역행』을 냈으니, 계속 역행하여 한 열권쯤의 시집을 내고 소설도 써 내어, 우리네 삶을 깊고 넓고 높게 성찰할 귀한 터전을 마련해 줄 것을 기대한다.

원고를 받고, 밤새워 나의 사랑하고 기꺼운 아우님, 이준학 詩人의 詩를 읽으며, 아, 어쩌면 이렇게 순정한 詩를, 그 동안 몰래 썼단 말인가, 홀로 찬탄을 금치 못했다. 앞으로도 이런 기쁜 놀람이 이어져 우리 모두의 가슴에 숨겨놓은 빛나는 사랑처럼 시상이 끊이지 않기를 염원하며…

시처럼 바람처럼

김 애 옥

방송작가,
동아방송예술대학교 교수

선생님은 강산이 세 번 정도 변했을 세월동안 바람처럼 가끔 연락을 주셨다. 그리고 선생님의 시 구절에서처럼 이야기의 잔을 나누시곤 하셨다. 한 번은 멕시코 시인 옥타비오 파스의 시집을 손에 쥐어주셨다. 이제 그 선생님의 첫 시집을 마주하는 감회가 남다르다.

선생님의 영미문학 수업은 늘 시간이 초과되었고, 시를 읊듯이 낭만적인 어투의 열강이셨다. 망연한 시선으로 꿈꾸듯이 강의를 듣던 그 여학생이 글밥을 먹는 사람이 되었고, 대학에서 글쓰기를 가르치는 선생이 되었다. 학자로는 감히 스승의 발뒤꿈치 그림자도 못따라가고 있지만 말이다.

스승의 시를 읽는 제자의 마음은 숙연해졌다. 시는 후루룩 읽어내는 것이라고 가르치셨지만 시어들의 행간을 놓치고 싶지 않은 욕심이 앞섰고, 무엇보다 깊은 우물에서 마냥 헤엄치고 싶었다. 고향 같고, 스승 같고, 우주 같은 시를 어찌 가벼이 들이킬 수 있단 말인가.

이제야 알겠다. 아버지의 급서(急逝)로 무척 힘들어했을 때, 선생님은 엽서 한 장을 보내주셨다. 고통을 소리 내어 말하지 말고 침묵하라는 한 문장만을 쓰셨다. 선생님의 삶이 그러하셨을 것이다. 지난한 시간을 보내셨을 때도 삶에 어리광하시지 않으셨을 것이다. 원초적인 고독을 껴안고 희노애락을 결 고운 정공법으로 상대하시며 시의 그늘에서 잠시 호흡을 가다듬으셨을 것이다. 그리고 심연의 바람일랑 선생님만의 외딴 방으로 불러들이셨을 것이다. '그대가 오랫동안 심연을 들여다 볼 때, 심연 역시 그대를 들여다본다'는 니체의 말처럼.

우리 선생님은 신의 존재를 믿고 기도하시는 분이다. 절대로 구복(求福)이 아닌 현존 그 자체로 신과 함께 살아오신 분이심을 확신한다. 선생님의 시 〈순간〉을 읽을 때 울컥하였다. 까칠하고 피곤한 신의 인성(人性)까지도 껴안고 사랑하시는 신심(信心)은, 겸손하다 못해 신을 배려하시고, 인간으로서의 예의를 갖추신, 아름다운 항복을 느끼게 한다.

그래서 '세상에 밟히고 찢기고 두들겨 맞은 뒤 수억 년 묵은 햇살이나 빛살에 벼락 맞듯 씻겨지신' 선생님의 영혼을 나는 사랑한다.

역행하며 살아오신, 소나기 오는 날 맨발로 잔디밭을 걷듯 진실의 편린들을 꿰어 시집이라는 목걸이를 만드신, 선생님을 뵈러 가을여행을 나서고 싶어진다. 선생님께 갈 때는 자동차가 아니라 기차를 타고 가고 싶다. 그리고 찌그러진 양은 냄비 안에서 끓는 동태찌개를 마주하고 선생님의 나직하고 눅진한 삶과 문학 이야기를 듣고 싶다. 세상살이로 방전된 에너지를 충전할 수 있을 것만 같다. 아무리 비루한 상황이어도 선생님의 말씀을 듣고 나면 이슬방울에 비치는 햇살 한 점 떠올리며 아름답게 승화할 수 있을 것이기 때문이다.

지구별 여행을 선생님과 함께 하고 있음이 축복이다. 신의 편애이시다. 공평하시지 않은 신께 감사를 드리며 시집을 먼저 읽어본 귀한 소감에 대한다.